儿童心理百科我知道

邱昌建
殷莉
李斌
朱鸿儒
主编

成都时代出版社
CHENGDU TIMES PRESS

"码"上点亮

心灵灯塔

为孩子们照亮
成长的每一个角落

教育风向标 — 洞察教育精髓 引领正确育儿之路

家长测评站 — 提升父母角色胜任感 自我分析

心理学课堂 — 解密孩子的内心世界 专业课程

安全指南针 — 掌握安全知识 为成长保驾护航

编委会

主　编　｜　邱昌建　殷　莉　李　斌　朱鸿儒
副主编　｜　罗宇鹏　邹守康
委　员　｜　徐佳军　刘　桂　黄雪花　陈月竹
　　　　　　董再全　郑耀宗　杨小兰
　　　　　　司徒明镜　杨　涛　龚　尧
　　　　　　陶庆兰　胡　霄

- 心理学课堂
- 安全指南针
- 教育风向标
- 家长测评站

没有心理健康就谈不上身体的全面健康。据统计，我国成年人精神障碍终生患病率为16.6%，排在第一位、第二位的分别为焦虑障碍、心境障碍；《中国国民心理健康发展报告（2019—2020）》显示，我国24.6%的青少年抑郁，其中重度抑郁的比例为7.4%。然而社会偏见、歧视仍广泛存在，这也间接导致讳疾忌医者多，科学就医者少。

身体健康的第一责任人是自己，心理健康的第一责任人也是自己。"人民日益增长的美好生活需要和不平衡不充分的发展之间的矛盾"已成为我国社会的主要矛盾。各类精神心理学教材、专著，精神障碍防治指南，以及有限的精神心理卫生服务资源，难以满足广大人民的需求，只有加强精神心理健康知识的科普，

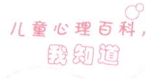

帮助人们了解常见精神心理、行为问题的特征与处理常识,才能使人们更好地成为自己心理健康的责任人。

对精神心理健康类知识的科普势在必行。党的二十大报告强调要"重视心理健康和精神卫生",2018年11月,国家卫生健康委、中央政法委、中宣部等10部门联合印发了《全国社会心理服务体系建设试点工作方案》,提出要加强全民健康意识,健全心理健康科普宣传网络,显著提高城市、农村普通人群心理健康核心知识知晓率。《中国公民健康素养66条》《"健康中国2030"规划纲要》《关于加强心理健康服务的指导意见》《健康中国行动(2019—2030年)》等都强调健康优先,要把健康摆在优先发展的战略地位,迅速普及健康理念、健康生活方式就成了重要手段。

作为一名工作了二十多年的资深精神心理专业医师,笔者深知宣传精神心理卫生知识的重要性;作为四川大学华西医院心理卫生中心的支部书记兼副主任,以及四川省预防医学会行为与健康分会主任委员,更感责任重大。为贯彻落实党的二十大精神,以习近平新时代中国特色社会主义思想为指导,本着科普性、实用性、启发性的原则,以案为例,通过专家点评或患者口述等多种形式,意在面向全社会普及精神心理学知识、倡导精神心理健康学方法,推动"全疾病周期"的预防治疗康复理念向"全生命周期"的预防治疗康复理念转变，建立"家庭—学校/单位/社区—医院"的全方位、全社会关注体系，突出家人、个体的主体意识，坚持预防为主，传播精神心理行为问题"早发现、早诊断、早治疗、早康复"的"四早"理念。为此，四川大学华西医院心理卫生中心、四川省预防医学会行为与健康分会联手成都时代出版社打造"萤火虫心理健康科普丛书"，希望能为加快实施"健康中国"战略，促进公民身心健康，维护社会和谐稳定，尽自己的一份力量。

邱昌建

- 心理学课堂
- 安全指南针
- 教育风向标
- 家长测评站

目录 /CONTENTS/

第一板块 成长

第一章
孩子的心里会"开花"
儿童青少年心理发育特点

003 徐佳军、李斌、邹守康、陈月竹

第二章
孩子开始"照镜子"
儿童青少年开始认识自我

022 刘桂

第三章
孩子的"小怪兽"来了
儿童青少年情绪管理

035 邱昌建、殷莉

第四章
同伴关系是儿童青少年
人际关系中重要的关系

052 黄雪花

001

第五章
孩子的恋爱来早了
青少年爱情心理

060 董再全

第六章
孩子的"营养"在家中
儿童青少年家庭氛围营造

071 郑耀宗、杨小兰

第二板块
解压

第七章
孩子的"石头"帮他搬
儿童青少年压力缓解

083 罗宇鹏

第八章
孩子的情绪是朋友
儿童情绪障碍的应对

097 杨涛

第九章
孩子的快乐别丢失
青春期小情绪的应对

109 罗宇鹏

第十章
孩子受伤要庇护
亲子关系中的常见问题

126 司徒明镜

第十一章
孩子在"网中"如何解
儿童青少年游戏成瘾的识别及应对

137 朱鸿儒、龚尧

第十二章
孩子的声音要倾听
儿童青少年抑郁的预防

151 陶庆兰

第三板块

第十三章
孩子的问题要正视
儿童青少年常见心理疾病概述

167　董再全

第十四章
孩子的病症要治疗
儿童青少年心理疾病的治疗

184　邱昌建、殷莉

第十五章
孩子康复慢慢来
心理疾病患儿如何走向康复

207　胡霄

第十六章
孩子为何会自伤
非自杀性自伤行为概述

218　李斌

01

第一板块

成长

第一章

孩子的心里会"开花"

儿童青少年心理发育特点

文 / 徐佳军、李斌、邹守康、陈月竹

> 关于"儿童"的年龄段,联合国《儿童权利公约》中的规定是 0—18 岁,中国的《未成年人保护法》等法律中的规定同样也是 0—18 岁,但在心理学中,一般认为 6—12 岁为儿童期,12—18 岁为少年期。
>
> 随着年龄的增长和青春期的到来,孩子的心理也正经历一场"抽叶结蕾"、悄悄"开花"的变化。你需要及时看见那朵花,并小心呵护。

一、情感需求的多元化

孩子的发展是多方面的,既有认知的发展(如对知识的渴求、学习能力的培养),也有情感的发展(如有爱人与被爱的需

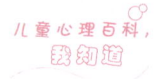

求），但很多时候，孩子的情感需求无法被充分满足。

父母大多重视孩子的学习成绩，却往往容易忽视孩子的情感需求。小学阶段的孩子需要始终如一地感受到被爱，父母的热情与关心能使孩子产生许多积极反应，包括良好的自我感受、足够的安全感和低焦虑状态。他们也有关爱、同情、照顾弱者的情感需求，真挚的爱心在儿童心中是非常宝贵的，父母应给予足够的尊重和支持。唯如此，成年后的孩子才会拥有博爱、奉献的情感内核。

小兔被冻死了

小婷，女，10岁，父亲常年在外打工，家里有一个小自己6岁的弟弟。平日里小婷觉得自己是姐姐，应该多替母亲照顾弟弟，有时拿出自己以前最喜欢的玩具逗弟弟玩，但多次被母亲以"男孩子不能玩这种玩具"为由斥责。母亲不在家时，小婷忙着照看弟弟，但让小婷感到委屈的是，母亲回来后若看到弟弟哭闹，就会责怪她没照顾好弟弟。渐渐地，小婷感觉在家里很孤单，自己小的时候，父母好像没有像对待弟弟这样对待自己。后来小婷从同学家领回了一只小兔子，照顾兔子虽然有些辛苦，但也给小婷带来了许多欢乐。可母亲总是嫌兔子养在家里臭，在冬日里把兔子搁在了阳台上。小婷放学回来发现兔子已经被冻死了,为此非常伤心,也很自责,总觉得是自己没有照顾好兔子。在学校里,小婷渐渐不愿意和同学打交道,在团体活动中表现出胆怯,总是害怕自己做得不好而被同学们嘲笑。

华西医生对您说

在小婷的家庭中,母亲对弟弟的溺爱,让逐渐长大的小婷对母亲的形象产生了疑惑,她从弟弟身上看到的母亲形象和自己心中的母亲形象发生了冲突:自己面前的严母,在弟弟那儿却是慈母,小婷的内心由此产生了巨大的情感落差。

父亲常年在外打工,父亲角色和父亲教育的缺失也是她自信心缺失的一个重要原因。在被爱的情感需求得不到充分满足的情况下,小婷通过陪伴弟弟、照顾小兔子来寄托自己对亲人、对小动物的关爱和同情,这对小婷来说是非常重要的事情。但是母亲对此却表现冷漠,不但斥责女儿,还抛弃小动物。小婷的内心在疯狂呐喊的时候,母亲则表现出冷眼旁观的姿态。

从家长的角度来说,努力工作、给子女提供更好的物质条件,并不是生活的全部,家长需要给孩子提供更多的关心与支持。如抽出时间来陪伴孩子,观察体会孩子成长各阶段最迫切的内心需求,尊重孩子的愿望和决定,培养孩子的自信心、同情

心和责任感,给孩子情感发展留出充分的空间。从教师的角度来说,对待这一类自信心不足、同伴关系不融洽的孩子,教师应该予以足够的关心和支持,走进孩子的内心,和其他同学一起帮助她在学校重建自信,消除其在团体活动中的恐惧感。

二、学习习惯的多样性

小学阶段的孩子普遍有一定的学习欲望,但是通常每个孩子都会呈现不同的学习习惯,这与孩子的性格特征有关。有的孩子学习动机非常强烈,但和他人交流沟通的能力偏弱;有的孩子则是本身学习自觉性不高,但是外在的正性反馈能激发他们的学习

潜力。家长和老师在充分了解孩子性格特征的基础上因材施教、扬长避短，才能充分调动孩子的学习积极性，使其养成最适合自己的学习习惯，提高学习的效率和效果。

案 例

有注意力缺陷的小明

小明，男，12岁，从小活泼好动，性格外向，遇上新鲜的事情都喜欢去尝试一下，学习新事物的能力较强，喜欢拆修各种小零件，热爱羽毛球、乒乓球等多项运动。小明在学校朋友很多，与同学们相处得也很融洽，劳动课、手工课表现特别好，但语文、数学等文化课成绩一直只有中等水平。老师反映小明上课经常注意力不集中，课堂的后半段时间常在抽屉里捣鼓一些小玩具或看些与上课不相关的书。

华西医生对您说

在上述案例中，小明是一个不太适应应试教育的孩子。他的动手操作能力强，敢于面对新事物的挑战，习惯用感官活动来获取新知识，思维活跃，但注意力难以长久集中。对于这样的孩子，我们要提供一些动手操作的环境与机会，发挥孩子的长处，使其积累学习的信心,比如说做实验、发展兴趣爱好等。另一方面,需要鼓励他寻找自己学习的黄金时间点,寻找最适合学习、注意力最能集中的环境,在学习环节中尝试加入互动游戏、学习工具等,使学习内容具象化。

从家长的角度来说,可以指导孩子自主选择合适的读书清单,制定简明扼要的学习进度表,运用记笔记、画思维导图等学习方法,化抽象为具体,加深孩子对知识的理解。从教师的角度来说,不妨给孩子一些"特权",允许孩子自由安排短时间的学习,把集中的学习时间分成有一定间隔的几个阶段,每个阶段变换学习内容,逐渐培养孩子集中精力的习惯。

三、自我意识与父母控制的冲突

学龄期儿童自我意识开始增强,尝试着独立完成一些事情。在校园生活的大背景下,学习和考试是其中重要的一环,与此同时,他们对父母的依恋仍然是强烈的。在自己意识还无法完全独立的情况下,这一时期的孩子需要父母的支持。

和父母之间相对稳定的关系,可以使婴幼儿、学龄期儿童感到安心,并且更有信心面对新的事物。但随着年龄的增长,父母对孩子长期、过度的干预会使孩子自我意识觉醒得更加缓慢，对父母的依恋更加根深蒂固，反而会阻碍孩子独立能力的发展。

案 例

害怕上学的小红

小红，女，11岁，上五年级。小红以前成绩优秀，父母很重视小红的学习，每天下班都要辅导小红写作业，她平时写作业只要照着父母的思路都能得高分，偶尔考试成绩不理想，父母就会私下和老师交流。从四年级开始，父母因工作发展长期在外地，小红多次重要的考试没考到班级前五名，后来逐渐害怕去学校，一去学校就浑身不舒服，常感到心慌、呼吸急促、头晕乏力等。周末在家时，小红情绪比较平稳，能够和小伙伴出门玩耍，到了第二天要上学的时候，又变得无精打采，各种撒娇打滚不愿意起床，去学校经常迟到，每天都盼望着尽快放学。

华西医生对您说

这个时期的孩子已经有一定自觉学习的积极性，家长需要起引导作用，引导孩子将学习的想法转化成具体的学习行为，但是在具体的学习实践中，要把主动权还给孩子。独立完成学习任务，是孩子通过学习过程积累宝贵经验，获得自信、自尊，提高自我评价的重要途径。许多家长都有"不让孩子输在起跑线上"的心理，认为父母的控制力能为孩子的认知发展保驾护航。然而，自我控制才是孩子发展的最终目标。

小红的父母在教育中没有以孩子为中心，没有去关注孩子需要什么，简单粗暴地"照我说的做"并不能使孩子真正认同和理解。在教育中的过度控制，压制了孩子学习的自主性，压制了自我意识的觉醒。当小红与父母分离，父母无法再指导她学习时，小红出现了明显的不适应表现，她无法独立缓解考试失败的压力，也无法独立分析、弥补自己学习模式上的缺陷，在紧张与焦虑中，她选择了逃避。

从父母的角度来说，我们提倡教育需要在抑制和放纵的两端寻求平衡点，关心和尊重常常有助于提升孩子的安全感、自尊心和独立性。从教师的角度来说，针对小红这一类学生，要耐心疏解她的畏难情绪，帮助她找到适合的学习方法，指导她正确对待考试。

四、攻击行为的发展

人类从婴儿时期开始，就存在攻击行为。比如婴儿之间争抢一个玩具时,一个婴儿可能会抓扯另一个婴儿。

攻击行为通常分为两类,敌意性攻击和工具性攻击。敌意性攻击是指以伤害对方为最终目的的行为;工具性攻击是指通过伤害别人而达到其他目的的行为。攻击行为发生的原因包括表达自己的愤怒、获得切实的利益、作为解决冲突的一种方式等。攻击行为具有性别、文化的差异,一般男性的攻击行为高于女性。

随着身体的发育,中小学生的体格越来越强壮,但他们的认知水平、心理水平都远未达到成熟的状态,所以在人际关系的冲突中,更容易发生攻击行为。攻击行为可能是一种自我保护的手段,当然,也可能跟反社会犯罪行为等相关。

回家路上的冲突

小明是某中学初二的学生。某天放学回家的路上,小明看到两个社会青年在殴打同班同学小张,小明想去帮忙,又觉得太危险,可能忙没帮上,自己还会被殴打一顿,但是同班同学被欺负,自己也看不下去。经过一番心理斗争之后,小明咬咬牙,大喝一声"你们干什么",挥着拳头朝社会青年砸去。小张看到小明来帮忙,也反过来跟对方扭打起来,不时还有路过的人来询

问情况。社会青年看形势不妙，便迅速地逃走了。回家后，父母知道了小明和小张一起打架的事情，一方面赞扬了小明的见义勇为，一方面也告诉他下次可以通过报警、向周围的人群呼救等方式进行处理，避免将自己陷入危险之中。

华西医生对您说

攻击行为要通过实施人所处的环境、实施人的目的等来评估它背后的意义。小明的攻击行为是为了帮助同学摆脱困境，这样的攻击行为是合理的，虽然还有更理智的方式可以选择。家长和老师要注重学生们的体育锻炼，使他们形成强壮的体魄，要培养学生们坚强的品德，要敢于向生活中不公正的事情说不，要敢于维护自己的正当权益。

五、正确对待孩子青春期的压力

孩子进入青春期后，大脑会释放一系列信号，发送到大脑垂体（位于大脑下方的一个豌豆状腺体）。这些信号会让孩子分泌各种不同功能的激素，这些激素会作用于身体不同的部位，以迎接孩子青春期身体的变化。主要的变化包括性器官发育、体重和肌肉增长、体毛增加、生长加速和性冲动增多。青春期通常在12岁左右开始，女性比男性开始得要早一些。

这个阶段的青少年，除了身体上的变化，心理上也会发生一些改变。他们会面临一些心理上的矛盾和冲突，一方面思想上想要独立，一方面又无法独自承担起家庭责任。他们经常会对未来抱有很高的期望，甚至有可能是一些不太现实的目标。有时候做事情容易冲动，情绪不稳定。同时，这个时期的青少年会希望结交更多朋友，开始对异性产生兴趣。

以上种种，使青少年面临各种压力，这些压力对他们来说是很大的挑战。所以，身为家长，需要去学习和认识压力，并帮助他们采用健康的方法去应对。

青少年常见压力源主要包括：

身体变化：女性月经初潮、乳房发育、体重增加；男性嗓音变粗、生殖器发育等。

学习压力：作业繁重，担心自己的成绩不够好，还有来自学校或家庭的升学压力。

人际交往压力：不知道如何与同学相处或受到校园欺凌。

情感压力：对异性和性行为充满好奇和想象，但缺乏足够的了解。

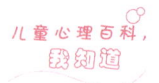

环境压力：适应新的学校环境或因上学而搬家。

小美的困扰

小美，女，初一新生。小美在小学阶段成绩一直名列前茅，学习刻苦努力，和老师、同学的关系也很好。一学期的初中生活过去了，她却一点也不觉得开心。她把所有精力都用在了学习上，学习成绩也不错，但是和同学相处起来总觉得很困难。平时同学聊天的话题她都不了解，慢慢地，别人也不愿意和她聊天。看着别人下课后三五成群，她很想融入进去，但不知道该怎么做。她觉得自己很孤单，有时候会觉得同学们在排斥自己。因为每天总想这些问题，小美上课的注意力逐渐不集中了，成绩也下降了。小美感到学习和人际关系方面的压力越来越大，每天早上起来，一想到要去学校，就觉得紧张、胃疼。她越来越厌学，甚至有时候会觉得很烦躁，容易发脾气。父母以为小美是到了青春期而有些叛逆，因而没有对她的情绪变化引起重视，反而还责备她不懂事。

华西医生对您说

家长应学会识别压力

如果想要应对压力,首先我们要学会识别压力,知晓孩子的哪些表现是感到有压力的迹象。不是所有的压力都是不好的,但如果孩子经常出现下面的情况,那就需要注意了。

· 容易发脾气或烦躁;

· 经常哭泣或有想哭的感觉;

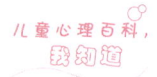

・不想参加集体活动；

・晚上上床后辗转反侧或睡眠过多；

・总是担心一些不好的事情发生或把问题往最坏的结果想；

・总想吃东西，就算吃饱了也还想再吃；

・经常感觉到头痛或胃痛，或感到身体其他地方不舒服；

・白天总觉得疲倦，或做事情没有精力。

面对压力时，家长可以帮助孩子做些什么呢？

可以通过以下方式预防或减轻压力：

・面对一些需要做的事情，可以提前制订计划；

・确定需要先完成的任务；

・为压力大的事情做好准备；

・做事情不要太过于追求完美；

・花点时间做些自己喜欢的事情，让自己放松一下；

・让自己动起来，比如听音乐、跑步或看课外书；

・吃一些健康的食品，比如蔬菜、水果、全谷物和瘦肉蛋白，尽量少吃高糖、高热量的食物；

・尝试和自己的朋友或家人谈谈自己的感受。

六、自我同一性的建立与发展

自我同一性的概念由心理学家爱利克·埃里克森提出，即我会成为一个什么样的人，亦称为自我认同感。自己会从事什么样的职业，自己会有怎样的价值观，自己会有怎样的宗教信仰等均属于自我同一性的内容。

心理学家詹姆斯·玛西亚在爱利克·埃里克森提出的自我同一性的概念的基础上将自我认同感分为认同感混乱、认同感早闭、认同感延缓、认同感达成。认同感混乱是指个体处于认同感危机中，对于自己将要成为什么样的人显得很混乱、没有方向；认同感早闭是指个体未经历过认同感危机就过早地获得了自我认同感，比如通过父母或者权威人士的期望获得，比如医生的小孩立志当医生；认同感延缓是指个体正在经历认同感危机，自己正在不断地思考，但还未做出抉择；认同感达成是个体经过认同感危机后，经历了"什么是适合自己的选择"而最终做出"自己会成为什么样的人"的决定。

爱利克·埃里克森认为，认同感危机一般在15~18岁能得到解决，但也有一些学者认为18岁以前就完全解决的比例甚至达不到一半。在实际生活中，我们也能感受到，有多少18岁以前的青

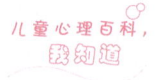

少年对自己以后的人生有清晰的认识和规划呢？目前认为影响自我认同感的因素，包括认知发展、教养方式、学校教育和社会文化等。同时，家庭、学校、社会环境都会对个体认同感的发展起到重要影响。

当老师是他想要的吗？

小张是高三的学生，高考以后要填志愿了。由于父母都是教师，他们希望小张将来也能够从事教育行业的工作，便鼓励小张报考师范学校。虽然小张平常更喜欢玩电脑，自己想报考计算机专业，但毕竟父母是过来人，他们的选择自有道理。顺利进入师范大学以后，小张发现自己不喜欢当老师，因为自己不喜欢当众演讲，不喜欢管理其他人。上了半年大学后，小张选择了退学，再次参加高考。后来他如愿考上了理想的大学，重新选择了计算机专业。

华西医生对您说

小马过河的故事告诉我们，旁人的经验不一定适合自己。一方面，小张的父母为小张选择一个就业体面、比较有社会荣誉感的就业方向，本身无可厚非，但他们忽略了小张的感受和爱好；

另一方面，小张也没有提出自己的想法和意见，没有真正把填报志愿当作自己的事情来进行慎重考虑。

其实我们可以看到，虽然大多数事情孩子自己就可以处理，但很多家庭仍将孩子的事情当作全家的事情来对待。大部分的高中生花费三年光阴，废寝忘食地学习，但在填报志愿一事上，却相当草率。想成为医生的学生，有多少去医院体验过医务人员的生活？想当军人的学生，又有多少知道部队生活的艰辛和单调。父母、老师和同学都只是消息来源者和建议者，而绝不是决定者。

七、智力水平与成就动机影响学业

学业，始终都是大部分学生最重要的事情。每个家长和老师，都希望自己的孩子、学生能取得优异的成绩，进入一所好的大学。那么究竟哪些因素对学生学业影响最大呢？下面我们从心理学的角度来进行一些探讨。

有足够的证据表明，智力水平会明显影响学生的学业水平。学生的智商与其学业成绩直接相关，智商高的学生一般学习成绩都比较好。除了智商以外，成就动机、成就归因等也会或多或少地影响学生的学业。

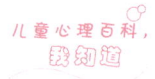

　　成就动机是指克服困难和取得卓越成就的意愿，成就动机越强的学生，越容易为了学业而付出更多的努力，因而更容易获得更好的学业成绩。成就归因是指对成败原因的解释，心理学家韦纳提出，青少年可能将成败归结为四种原因：能力、努力、任务难度、运气。韦纳认为，理想的成就归因是将成功归结为能力强。因为这种内部稳定的归因，使我们更看重自己的成功，并使我们期望再次获得成功。最好将失败归因为努力不足而非能力不足。因为努力是不稳定的，这使我们相信，如果我们努力，下次会更好。越接近于理想成就归因的学生，越容易理性地对待自己的学业成绩，从而通过反复的努力与练习，逐步提高自己的学业成绩。

悔恨的泪水

　　小刘刚刚考入本市最好的高中时，在全年级 1000 多人中排 100 名左右。之后小刘迷上了打游戏，常常出去通宵上网，白天上课时常打瞌睡，导致小刘的成绩逐渐下降，老师、家长多次劝阻无效。最终，三年后的高考，小刘只考上了专科学校。高考成绩出来后，小刘流下了悔恨的泪水。

华西医生对您说

小刘刚考入本市最好的高中时，在全年级1000多人中，能排在100名左右，表明小刘的智力是不错的。但由于在之后的学习中丧失了成就动机，不愿意为学业而努力，最终没能考上满意的学校。

为什么有的学生成就动机强，而有的学生成就动机弱呢？有哪些方面会影响到学生的成就动机呢？有研究表明，确定能影响学生成就动机的家庭因素包括学生儿童期的依恋质量、家庭环境和家庭的教养方式。

安全型依恋的青少年，其智力水平并不比非安全型依恋的同龄人高，但是面对新的挑战时，他们较少感到痛苦和焦虑，更能从容应对挑战、解决问题。那些能提供丰富的促进智力发展刺激的家庭环境所培养的孩子，能更好地发现和解决问题。

高成就动机青少年的父母有三种品质：第一，温情、接纳，及时表扬子女的成就；第二，给孩子设定一定的标准并加以指导，以确保其能完成任务；第三，给予孩子一定的独立空间。我们可以看到，跟成就动机相关的主要还是家庭的培养、父母的教育。孩子的问题大多是家庭的问题，反过来说，想要孩子拥有较好的成就动机，您做到上述几点了吗？

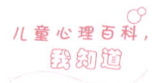

第二章

孩子开始"照镜子"

儿童青少年开始认识自我

文 / 刘 桂

> 孩子从婴幼儿时期开始就会出现自我意识,再到学龄期、少年期、青年期……人的自我意识发展会持续一生。当你的孩子开始认真地"照镜子"时,他们的自我意识就开始萌芽了。

一、认识自己

大千世界,万物中最聪明的人类一代又一代地繁衍生息,用头脑解决问题、探索世界。随着哲学、心理学、脑科学等学科的发展,研究逐渐指向了人世间最大也最复杂的谜团——人类自身。

人对自我生命的探究自古有之。作为一个哲学命题,它被伟大的哲学家柏拉图提出:"我是谁?从哪里来?到哪里去?"每个人追问生命的源头，都会从认识自我开始。

早期最为经典的关于人类自身的思考，来自一个古希腊神话，这也是心理学上的经典故事。熟悉"狮身人面像"的朋友，估计也听说过，它叫"斯芬克斯之谜"：有一个叫斯芬克斯的怪兽，它长着狮子的身体、女人的头。它每天都坐守在一座城附近的悬崖上，只要有人从旁边路过，它就会洋洋自得地向这个人提出一个谜语："什么东西早晨用四条腿走路，中午用两条腿走路，晚上用三条腿走路？"如果回答不出，它就以此为借口吃掉路人。一个又一个的路人因为猜不出谜底被吃掉了，斯芬克斯也非常自信地认为没有人能猜出答案。终于有一天，一个叫俄狄浦斯的人来到这里，并猜中了谜底——人！最后，斯芬克斯因为有人破解了谜语而羞惭难当，跳崖而死。这个神话的寓意就是：人类容易认识到很多事物，但往往最容易忽略的就是认识自己，了解自己，探索自己！

一个人自呱呱坠地那一刻起，人世间的各种问题便开始包围住了他。襁褓中时因饥饿而嗷嗷求饱，因寒冷而哇哇求暖。孩提时因要玩具而哭闹，因受到不公平对待而委屈，因与伙伴争吵而伤心，因家贫受辱而难过。到了少年转青年的阶段，经历了一些世事，受了些挫折，头脑中的问题一天比一天多，开始质疑友情、怀疑爱情、抨击权力、憎恶金钱、痛恨战争。由此而引发出

终极问题：我活着是为了什么？一言以蔽之，就是人生的终极意义究竟是什么？当你产生关于"生命"的困扰时，那就需要重新审视自己，开启对自我构建的全面认识。

华西医生对您说

脑科学认为，我们人类的大脑皮层功能区有四个，分别是额叶、顶叶、枕叶和颞叶。额叶主要控制意志，负责思考、记忆和情绪管理等；顶叶主要负责处理知觉、注意力、躯体运动调节等；枕叶主要负责处理视觉信息；颞叶主要负责处理听觉和嗅觉刺激。脑科学让人类对自我的研究有了更多的可供参考的客观依据。

二、儿童 自我发展 规律

芸芸众生，千人千面。相同的是，人都要经历婴儿期、儿童期、青少年期、成年早期、成年中期、老年期这样的普遍生命阶段，每个阶段都有相应的身心发展特征，即使在懵懂无知的婴幼儿时期，也有自我发展的规律。

我国著名心理学家朱智贤认为，"自我"是个人自我意识的凝聚，即人对自身的观念系统。朱智贤在《儿童心理学》中论述"自我意识的发生发展"时指出：儿童自我意识有了进一步发展。主要表现在：①从轻信成人的评价到自己独立的评价；②从对外部行为的评价到内心品质的评价；③从比较笼统的评价到比较细致的评价。小学生自我意识表现形式之一是自制力，他们逐渐养成在学习时自我控制的习惯。自制力提高了，儿童不仅能发现自己学习中的缺点，而且能用自己的力量去改正这些缺点。

《关于自我意识发展的研究综述》认为，人在经历了婴幼儿期、学龄期、少年期、青年期的发展历程后，大约到青年中期，随着个体知识经验的不断积累和实践活动的深入，自我意识逐渐达到稳定和成熟的水平。

著名的发展心理学家爱利克·埃里克森认为，人的自我意识发展会持续一生。他把自我意识的形成和发展过程划分为八个阶段，这八个阶段的顺序是由遗传决定的，任何年龄段的教育失误都会给一个人的终身发展造成障碍。

《人民日报》中《1—12年级学生的心理特征+教育方法》列举了学生各年级段的主要特征，指导家长采取不同的教育方法来应对。以小学1—6年级学生的心理特征为例，儿童自我发展规律如下表所述。

年　级	自我发展规律
一年级	对小学生活既感到新鲜，又有些不习惯；好奇、好动，喜欢模仿
二年级	培养自信心的关键期，情绪容易不稳定，且自控力不强
三年级	情感发生变化的转折期，从情感外露、浅显、不自觉，变得内控、深刻、自觉
四年级	儿童成长的关键期，学习从被动向主动转变，辨别是非的能力有限，社会交往经验缺乏，经常会遇到很多难以解决的问题
五年级	竞争意识增强，对学习优秀的同学开始产生敬佩之情。独立能力增强，喜欢自发组成小团体。不轻信吹捧，自控能力逐步增强
六年级	开始进入青春早期，自主意识逐渐强烈，喜欢用批判的眼光看待其他事物，有时还会对老师、家长的干涉进行反抗、抵制，已初步形成个人的人生观

三、一个骷髅沙盘引发的案例

儿童容易因为自我的片面认识而影响到对他人的评价，父母也容易因为对儿童不够尊重和对他们的身心发展规律不够了解，

从而加重孩子的心理负担。沙盘游戏能帮助儿童把内在的世界浮现在作品中,便于父母更加了解孩子当前的状况。现在,让我们以一个沙盘游戏案例来开展心理辅导,以做示范。

沙盘之下的小小自我

小宇,男,三年级学生,开朗活泼,聪明伶俐,喜欢下课和同学玩闹,和同学相处愉快,也喜欢主动当老师的小助手。但当

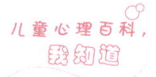

课堂内容有点难度的时候,他就不太愿意继续思考。他不喜欢背古诗,学习上不主动,有时课堂上会表现得心不在焉,而且会做一些小动作。老师把这些小毛病反馈给父母后,父母的教育方式比较简单粗暴。小宇的家中还有一个哥哥,年龄与小宇相差不大,哥哥经常因为一些琐事对他发脾气,吼他、抢他东西,甚至打他。小宇个子小,说话也不像哥哥那样振振有词,所以只有避让哥哥。

有一次,小宇在课堂上随意摆出的一个沙盘作品,引起了老师的重视。作品中沙具数量较少,比较突出的是一个很大的骷髅,而且骷髅里面还放了个人。小宇做了用沙掩埋骷髅的动作,企图把它埋起来,而且还埋了个金字塔,金字塔塔尖隐约可见。

按照沙盘游戏专家魏广东在他的专著《沙盘游戏治疗》中的描述,掩埋物品属于心灵受到伤害的表现。骷髅象征着死亡、恐惧、压抑、刺激、未知、神秘力量等,金字塔象征着权力、威望、历史积淀、不可动摇等。

学生个人辅导策略

小宇内心压抑,没有被充分理解,也没有得到公平的对待,需要通过引导,使孩子对自我进行更好的认识。

（1）从故事讲述中认识自己

孩子讲述：沙盘里有两艘船正在穿过桥洞，通往骷髅城堡，骷髅城堡里藏有一个人，他已经死了。沙盘周边是一些著名的建筑。

在老师的引导下，孩子意识到自己现在的情绪状态很糟糕，对自己没有信心，学习和做事都很随意，所以才用沙盘中的死亡外显内在的悲凉压抑。把沙盘作品呈现出来后，就更能认识到自己当前的境遇和状态。同时，他已深切意识到自己现在信心不足的根源。通过摆沙盘、讲沙盘故事，重视自己的感受，直面现状，孩子心里就会放松许多，也能更好地正视自己的问题。

（2）从多元评价中认识自己

通过多元评价在更为广阔的视野中衡量自己，找回自己忽略掉的、做得好的方面，不能因为暂时的某个缺点就一叶障目、萎靡不振。

老师告诉小宇，我们在学校里很多方面的表现都可能得到肯定，学习成绩只是其中的一项，即使被批评了，只要努力改进，认真做好，成绩就一定会有进步。然后老师拿出一份《十项常规评价》让小宇自评。只要做到了，就可以打钩儿。

A.上课坐姿端正，老师讲课能认真倾听。

B.课堂上同学发言不随便打断,能专心倾听。

C.敢于积极举手发表意见,敢于表达自己的想法。

D.书写工整,按时完成作业,尽量避免出错。

E.喜欢阅读课外书,认为读书是件快乐的事。

F.喜欢和大家分享丰富的知识或动听的故事。

G.每天积极参加体育运动,有喜欢的运动项目。

H.对待老师有礼貌,对待同学很友好。

I.乐于助人,团结同学,善于合作。

J.喜欢动手制作,爱问为什么,喜欢探索创新。

小宇打完钩儿后发现自己只有一项没得分,它九项都能得分。小宇有些高兴,虽然自己在"完成作业"这一项上很犹豫,最终没有打钩儿,但在其他方面自己都是很不错的。

小宇在老师的启发下找到了自己如下所述的独特性:

A.很善于观察,知道老师需要得到什么样的帮助,并会及时帮助老师。

B.热爱劳动,常常积极主动地打扫班级卫生。

C.穿戴整齐,注重形象美。

D.富有爱心,爱护小动物,有饲养小动物的宝贵经验。

E.孝顺父母,总是先让爸妈品尝食物,还为爸妈制作贺卡;关心哥哥,分享物品时总会率先想到哥哥。

F.热衷于旅游，不仅感受过国内大多数地方的风土人情，还领略过多个国家的风景。

G.连续几年坚持足球训练，球踢得不错。

（3）从自我独特性中增强自信

世界上没有两片完全相同的叶子，也没有两个完全相同的指纹，每个人都是独一无二的。不要总是用自己做得不够好的地方去和别人做得好的地方比，不要一味地贬低自己，消磨自我独特性。认识到自己的禀赋和独特性，有助于增强个体自信，修正不足，成就更好的自己。

（4）从点滴进步中积累自信

给小宇灌输一个公式：$1.01^{365}=37.783434332887$，它的结果远远大于1。其中$1.01=1+0.01$，也就是每天进步一点；1.01的365次方，也就是说在365天（一年）以后，你的进步会很大，甚至产生质的飞跃。所以，肯定小宇每天的一点点进步，会让小宇产生进步的意识和持久的动力。

家庭辅导（父母在专业指导下进行）

（1）父母先与孩子培养感情，再解决问题

让孩子感觉到被爱，帮助孩子成长，让他们感受到归属感以及与家人之间的联结。父亲、母亲说话时应语调轻柔、语速缓慢。说话时多用正向语言，看到问题不要直接批评，而是直接给孩子正向的改进建议。

（2）鼓励小宇吐露心声

父母可以利用空余时间主动和小宇探讨"情绪"这个话题，向孩子表达"负性情绪的产生是人之常情"这一观念。孩子心里有不愉快时，可以主动向自己最亲密的爸爸妈妈表达出来，这种表达就是在清理心理垃圾，清空不良情绪，以便恢复良好状态。

（3）给小宇植入社会情感

孩子健康成长需要一个社会化的过程。他们要逐步适应社会的基本规范和要求，在这个过程中，会对他人逐渐产生情感理解与支持，这样就会减弱自我价值贬低所带来的损伤。让孩子了解社会情感的重要性，坚持训练孩子有一双发现美的眼睛，发现和记录他人对自己好的一面，并且适时表达出来。当孩子的心中装满别人时，别人就会装着他，在意他，需要他。

（4）为孩子的进步提供动力源

动力源来自身体和心理两方面。在身体方面，建议父母每天陪孩子进行半小时的适量运动，向孩子讲明运动的意义。在运动中，有目标、有要求，重视追求付出努力的过程及获取成就感，这也是帮助孩子找到自信的方法。在心理层面，建议父母陪伴和鼓励孩子做一些力所能及的家务劳动，从劳动中锻炼孩子的忍耐力，从劳动中让孩子学会体谅、尊重父母，从劳动中孩子可以创造智慧，并获得成就感、满足感。

（5）给父母布置家庭作业

请孩子给爸爸妈妈打分，然后结合分数谈谈父母为什么能得这么多分，哪些方面进步后还能再得分；父母也细心观察孩子，并记录孩子每天进步的地方，每记录7天后做一个小结，并留心孩子的改变。21天为一个小阶段。如此坚持下来，看看孩子和父母都获得了哪些喜人的成绩。

最终，小宇的父母因为寻找到了更合理的教育孩子的方法，从此父母不再乱发脾气，也不再无底线地包容孩子的错误，而是理性地与孩子一起面对问题、分析问题、解决问题。孩子的后

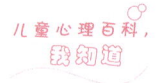

期沙盘作品也不再呈现骷髅、掩埋等伤害性主题了。一切恢复如常。

华西医生对您说

当孩子和家庭把关注点转移到对自我的认识、了解和肯定后，发生的问题就变成了成长的契机。孩子感受到解决问题的快乐，看到自己的点滴进步后，潜力就被激发了出来。孩子把自我压抑的糟糕情绪及时宣泄后，内心轻松了许多，对未来充满向往；孩子体验到在家中劳动的价值，并尝试承担部分家庭责任；孩子自我的"独特性"变成了提升"自信"的新增长点。

第三章

孩子的"小怪兽"来了

儿童青少年情绪管理

文 / 邱昌建、殷莉

> 从一个乖巧听话的宝宝，变成一个暴躁易怒的少年，你意识到孩子心里的"小怪兽"正在长大、挣扎、作怪吗？如何更好地陪伴孩子度过青春期，让他们学会管理自己的情绪，对家长是一种考验。

随着社会对心理问题的日益关注，家长也越发重视孩子的心理健康，其中对情绪问题的关注占多数。时常会有家长咨询："我的孩子比较容易暴躁，不太听我指令，容易喜怒无常，我该怎么办？"其实这都是一些有关情绪管理的问题。在此，以一个小故事为例，从情绪的生理反应、如何管理情绪及调节认知等方面重点进行介绍。

案 例

琪琪的坏脾气

琪琪，女，12岁，从小与父母一起生活。据琪琪父母反映，琪琪幼年生长发育正常，个性外向，但自幼脾气大、任性。近一年半以来，父母认为琪琪的情绪出现了很大问题。一年半以前，琪琪变得脾气暴躁，特别爱生气，经常因一点小事就大发脾气，觉得烦躁，和父母争吵，说难听的话。有时因别人的无心之举就骂人、砸摔东西，如摔书籍、茶杯、手机等，甚至有时会去推打别人。在遭遇了失败后会认为自己一无是处，认为自己的未来充满了不确定性，不知道自己的目标是什么，时常躲在角落里一个人哭泣。近三个月来，情况更加严重，琪琪几乎天天发脾气，在学校对老师和同学也发脾气，生气时摔课本或跑出教室。开始，父母只认为，这是孩子青春期叛逆罢了，对孩子漠不关心，等后面孩子情绪问题愈加严重，才开始重视起来。家长也无可奈何，每次想找孩子平心静气地交谈，最后都以双方争吵结束。琪琪认为父母和其他人一样，都不理解她，他们之间无共同语言，而且谈及父母，琪琪表示：他们自己都管理不好自己的情绪，在工作上受了气，回家就撒在家人身上。父母也不知道该如何帮助她，每天焦急万分。最后，在亲友的提议下，父母带着琪琪来到医院精神科就诊。在医生的帮助下，琪琪开始学习如何管理情绪，现在她的情绪问题改善了许多。

华西医生对您说

上述案例中，琪琪脾气暴躁，经常因一些小事与人争吵，摔砸东西，无法控制自己的情绪，遭遇失败后悲伤、抑郁，父母认为这是孩子进入青春期的表现，因而对此不以为意。案例中，琪琪的情绪不稳定、烦躁、易激惹、波动大，时间长达一年半，这已经达到了情绪障碍的诊断标准。

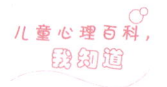

一、情绪的 生理学 基础是什么？

要了解情绪管理，首先要知道什么是情绪。人的情绪是个体对客观事物的态度体验，即你对客观事物产生什么看法，就会产生什么情绪，"横看成岭侧成峰"，从不同的角度去看问题，就会产生不同的认知。情绪有身体的情绪体验，比如有些人在情绪不好的时候可能会胃痛、头痛，甚至会腹痛、腹泻等；有大脑的情绪体验，比如有些人情绪不好的时候会沮丧、想哭，或者是觉得非常烦躁、生气等；有外部的情绪体验，比如还有些人在有情绪的时候会有表情、动作的变化，甚至皮肤、肌肉等也会有变化。上述案例中琪琪的烦躁、生气，失败后的悲伤、摔砸东西等都是我们通常所说的情绪。

情绪随着大脑的生长发育而不断发展，所以低龄段儿童的情绪发展其实并不完善，这是由于发育首先是满足我们的生命维持。脑干是我们的生命中枢，管理着我们的呼吸、心跳、血压等。等脑干发育完成，第二个层级才是脑干周围的脑区发育，也就是次核心的部分，例如小脑、边缘系统等。边缘系统是负责我们原始情绪的脑区。那什么是原始情绪？恐惧、焦虑、沮丧、抑郁等这些都是原始情绪，由负责原始情绪的脑区负责，包括杏仁核、扣带回以及海马等。研究发现，在猴子身上也会有类似的部分，它们面对恐惧时也会激活这些脑区。例如看到一条蛇，猴子的杏仁核、海马等脑区马上就会出现反应，这是情绪的第二级中枢。那第三级中枢是什么？就是额叶。额叶中枢发展相对迟缓，一般在青春期前后发育比较快速，在青年期或中年早期发育成熟。正因为额叶这一部分发育晚，它对情绪的调控作用难以充分发挥，所以儿童青少年在面对各种情境时，情绪容易波动且难以有效控制，进而表现出情绪不稳等现象。这也提醒我们，在儿童青少年成长过程中，要更加关注他们的情绪发展，并给予恰当引导。

二、情绪怎么产生？

上述案例中琪琪经常因为一些小事就产生烦躁、生气等情绪，在遭遇了失败后又会产生悲伤、抑郁的情绪，那么情绪究竟是怎样产生的呢？

前文提及，情绪是对客观事物的态度体验，那什么时候会产生正性情绪，什么时候会产生负性情绪呢？当我们的需求大于客观现实的时候，我们的需求没有被满足，就会产生负性情绪，例

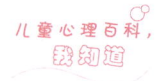

如生气、不满、抑郁等。那么当我们的需求被满足的时候,是不是就百分之百会产生正性情绪呢?不一定。因为情绪有一个产生的过程。

当我们遭遇某种事情时,首先是由情绪低级中枢产生反应,也就是脑干周围的边缘系统、扣带回等比较低级的情绪中枢,它会产生一些原始的情绪唤醒。这是一种生理的唤醒,属于生理环境方面的,我们很难去控制它,即使要控制,也需要长期的训练过程,需要去训练我们的自主神经系统,使其进入一个新的稳态。

第二个层面就是认知理解,也就是前额叶的反应。对于遭遇的某件事,我们产生一些理解和认识,例如全班50名,我考了第28名,我认为考得还不错,这就是认知理解,而这个认知理解在我们情绪产生中起到了非常重要的中介作用。

我们的感觉可以是正性的、愉快的,即正性认知;也可以是负性的、悲伤的,即负性认知。在负性认知的作用下,我们的身体就会产生一些感觉,例如肚子痛、头痛、肌肉紧张,甚至腹泻、恶心等。这些情况常见于一些厌学的儿童身上,例如一上学就腹痛,这就是一种由焦虑情绪的唤醒躯体反应,而这是由儿童青少年脑发育决定的,因为低龄儿童只有比较低级的情绪感受,不太会从认知方面去解释这些情绪。

三、什么是情绪体验？

情绪体验就是我们的情绪会在大脑中产生印记，过去一些太过于深刻的情绪会影响基因转译生成蛋白质，而蛋白质对大脑的脑细胞、脑区会产生一些形态学的改变。在新的情绪被唤醒之下，蛋白质会把过去的身体状态的记忆唤醒，这种情绪唤醒在创伤后应激障碍的病人中特别常见。被霸凌或者失去亲人，或是有被侵犯历史的孩子，当遇到一些似曾相识的场景、人物、事件时，过去创伤性的经历就会被唤醒，进而产生一些情绪的体验。在这些基础上，个体会有一些行为的表达，例如上述案例中，琪琪情绪不好时会变得对别人不太友善，比较暴躁，容易发脾气，这就是情绪引起的后果。

负性情绪对人体有很大影响。情绪可以通过神经系统攻击免疫系统，导致各种疾病的发生，例如胃肠道疾病、免疫性疾病，甚至肿瘤。另外，负性情绪会破坏我们的人际关系，导致学习能力下降，还会降低生活质量，甚至影响寿命。

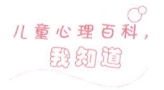

四、怎么去 管理 情绪?

(1) 接纳情绪

这是特别重要的第一步。上述案例当中,琪琪父母在最开始对琪琪情绪的转变是漠不关心的,并且双方常常发生争吵,这就是家长对孩子情绪的不接纳,这种不接纳成为医生帮助孩子最大的"绊脚石"。当家长不能够体会孩子情绪的时候,孩子和家长的距离是遥远的,孩子会认为和家长没有共同语言。因此,家长一定要提高自己洞察、感受、接纳孩子情绪的能力。家长态度要端正,要告诉自己,应接受孩子的情绪,要感受孩子的不舒服,这在医学上称为"共情能力"。

但是,有些家长自身接纳情绪的能力是有限的,可能家长在内心就很抗拒,这其实是一种自我防御机制,被称为"隔离",家长不希望别人的——特别是自己孩子的情绪影响到自己,所以用一种漠然的态度,把孩子的情绪隔绝掉。但如果家长长期这样做,就会失去和孩子的连接,孩子会不愿意把情绪表达给家长。因而,家长练习接纳孩子情绪的技能是非常重要的。当孩子和家长说,他的情绪非常不好,家长要怎么接话呢?不能说"没关系的,过几分钟就好了",这是不接纳的态度,而应该说:"你现在情绪非常不好,我能够感受到你现在很着急、很痛苦……"要用自己的感受去把孩子没有表达完的这部分情绪说出来,还要鼓励他继续说。

(2)认识情绪

其实很多人在生活中的情绪是错位的。例如上述案例中,琪琪的父亲有时会把在单位承受的压力带给自己的孩子,回家后就开始训斥孩子,而这样做的根本问题在于没有正确认识自己的情绪。家长要先学会正确认识自己的情绪,才能让孩子学会如何认识情绪。

(3)洞察情绪

要学会分析情绪,明白这种情绪是爱的情绪还是恨的情绪,是因为羡慕别人还是嫉妒别人。例如学生看到别人成绩好以后,自己会非常不高兴,非常愤怒,这就是嫉妒,嫉妒别人比自己好。要让孩子学会去洞察这些情绪。

(4)表达情绪

我们的情绪是需要表达的,而且要用合适的方式去表达。上

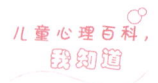

述案例中,琪琪的生气情绪通过摔砸东西、骂人、打人等表现出来,就是一个不恰当的表达方式,而父母也没有引导琪琪以合适的方式表达自己的情绪。一个常用的合适方式就是叙述,找一个信任的人或者咨询师谈心。也可以通过其他的方法,例如可以去做自己喜欢的事情,或者用一些非言语的形式和自己喜欢的人、志同道合的人进行一些娱乐性的活动,在这种活动中去表达。甚至玩一个游戏,也是表达,比如成年人打麻将其实就是一个很典型的情绪表达和宣泄的方式。例如在美国"9·11"事件之后,低龄段的孩子会通过游戏去表达对"9·11"事件的恐惧,他们会搭一个很高的房子,然后把它推倒,说"楼塌了",这就是孩子表达情绪的方式。游戏起到了一个很重要的作用,就是增强人际互动,这是非常好的、去增进孩子的社会性发展和情绪表达的活动。

(5)调节情绪

上述案例中,父母在琪琪情绪失控的情况下,只会一味地冷处理或者和琪琪争吵,没有引导琪琪用合适的方式调节自己的情绪,导致琪琪情绪问题日益加重。调节情绪一定要建立在接纳、认识、洞察和表达情绪的基础上。

对于有情绪问题的孩子,有一个排解的技巧,就是写情绪日记，帮助他厘清思路。

第一步：让孩子做记录，记录时间、地点、人物、事件以及当时的感受。可以给一些参照的词语，让他去选择性地描述，例如愤怒、喜悦、厌恶、失望等词。还有当时的认知是什么？当时的行为是怎样的？是骂了人还是发了脾气等。

第二步：和孩子一起做分析。例如问孩子："你当时真实的情况是什么呢？"有的时候，我们感受到的情况未必是真实的情况，其实引导孩子表达、思考的过程，就是处理问题的过程。

第三步：和孩子一起讨论，下一次遇到类似的情况该怎么办？结合孩子具体的情况列预案，下次孩子就会有经验地选择处理方案。这样反反复复地练习以后，孩子的情绪就会变得非常稳定。

这个过程具有实践性价值。一是可以让孩子在日常生活中处理各种困境，并不限于情绪方面的困境，可能会有人际交往方面的困境、学业方面的困境、亲子冲突方面的困境。二是在这个过程中，能促进孩子情绪环路的发育。情绪环路从额叶到边缘系统是有连接的，家长给孩子做了正向的引导后，孩子的情绪环路发育就会比较好，而情绪环路发育得好，对孩子的未来具有重大意义。

情绪管理其实是在训练孩子成为一个情绪比较稳定、能够自我管理情绪的人，这和智商同等重要。假如一个人没有这种能力，就很难去处理比较复杂的情景。在分糖果实验里，有类似于培养孩子情绪管理能力的项目，称为"延迟满足"。参与实验的孩子要控制很想吃糖的焦虑，就需要采取一些策略，有的孩子可能就刻意地不看糖了，有的孩子选择去做其他事，有的孩子在默念冥想一些其他的问题，这都是他们进行情绪管理的技巧。实验发现，能够做到延迟满足的孩子，通常在成年以后的发展都是比较好的，这就是训练的结果。我们的情绪也是需要训练的。

五、如何调节认知？

前文提及，情绪受认知影响，所以认知这个环节是非常重要的。家长要孩子管理好情绪，很重要的一个环节是，家长要先管理好自己的情绪。家长是孩子的模板，家长的一言一行对孩子的影响非常大，自己要先做好，孩子才能学好。家长要避免不合理的认知，例如一些绝对化认知。研究发现，如果家长经常会说"必须怎么样"，他们的孩子往往也会说"必须"之类的话语，甚至连孩子擦鼻子、走路姿势都跟家长一模一样，这就是遗传效应，除了先天遗传的效应，还有后天模仿的效应。

（1）避免不合理信念

比如上述案例中，琪琪认为自己一无是处，对未来充满不确定性，以及有些孩子的自杀、自伤行为，可能源于模仿，所以环境因素非常重要。对于小孩和一些比较低自尊的人来说，他会为了在别人心目中展示一个好的形象去牺牲自己，牺牲自己的情感，牺牲自己的利益，牺牲自己的边界，其目的都是为了得到别人的认可。但其实，这种低自尊的人在内心是不认可自己的。这些不合理的认知，都会给他自身带来负面情绪，而且这种认知会渗透到生活中的每个细节、每个方面。

（2）认识失败是多种因素造成的

习得性无助的人会有一种错误认知——"我是一个无能的人，我什么也做不成"，而外归因则是"我的失败都是环境因素造成的"。但抑郁症其实很多是内归因，把失败都归因于自己，"我不好，我不行"，但其实从客观来说，失败是多方面因素造成的，只有各方面因素都协调好才会成功。

（3）避免消极认知、消极行为

例如"我无法面对现实中的困难，任务失败我只能逃避"，这种认知在厌学的孩子里很常见，他们在遭遇一些挫折后，就只能逃避。当追究这样的孩子的认知模式时，就会发现他们应对困难的很多模式是逃避性的，他们会觉得"我不能战胜这个困难，我就逃避"。其实在引导孩子认知时，还有一个中间地带，就是"虽然不能百分之百应对困难，但是我可以接纳它，我可以接受现在的状态"。我们要教会孩子接受我们不能改变的现实，我们要非常正面地去处理生活中的灾难、困难。如果这个事情是有余地的、能改变的，那么就要尽力而为，做自己能做的，改变我们能改变的部分，同时，接纳不能改变的部分。这就是家长要教孩子做的。

（4）避免负性自动性思维

其实人们处理事情时，并不会每次都特别仔细地思考后再行动，而是根据经验来做判断，也就是根据直觉或者常识来做判断。这些经验与我们过去的经历相关，甚至与一些消极的情绪相连的。我们的经验很多是在童年时期就开始形成的。每个人的童年都会经历创伤，但是有些人的童年经验会影响成年时期，而有些人的不会影响，为什么不会影响？是因为他们的心理保健做得很好。每个人都会被别人欺负、伤害，但并不是所有人心理上都会因此受到影响。除非它形成了一个负性自动思维，就会影响。

负性自动思维会导致各种负面情绪,如焦虑、抑郁、愤怒、自卑等。

那么,负性自动思维有哪些?例如:一是非黑即白,"人不是好人就是坏人",有些孩子在青春期的时候会这样,这时就要引导他正确对待;二是任意推断,"我这次没考好,就是我不够努力",过于去强调某一个关注的点;三是选择性概括,"我这点小事都做不好,我什么都做不好",把小事过度扩大;四是过度内归因,"这些事情都怪我",不太客观地把原因归于个人的内在因素;五是选择性消极注视,就是只关注负性体验,不关注正性体验;六是应该倾向,"我都对这个朋友这么好了,他也应该对我好",这是青春期孩子特别容易出现的一个问题,认为什么事都是应该的;七是贴标签,"你就是个废物""你就是数学不好"等。

六、情绪和生活

上述案例中,琪琪对自己的未来是迷茫的,不知道自己的人生目标是什么。这时就需要家长进行引导,帮助孩子树立崇高的目标。人生的目标越崇高,对个体越有引导和促进作用。有的时候,一个目标可能是个虚拟目标,不一定能达到,但是具有远大意义。一个有远大意义的目标,通常是激励人奋进的最厉害的强心剂。所以要学会去激发孩子不同层次的动力,不仅仅是生理上的满足,更重要的是他要有对自我实现的需求,要有自我存在感、在社会中的价值感。

家长要学会先调节自己的情绪,因为家长的情绪是孩子情绪的模板,家长的情绪可以影响孩子的情绪。可以使用一些小技巧，例如：自己情绪不好的时候，可以做一些喜欢的事，如养猫养狗，种花种草，获得一些愉快的体验；学会屏蔽一些干扰信息，用理性的方法去处理一些伤害性的信息，而不要过多地掺杂个人情感；也可以进行人际交往活动，努力过自己想要的生活；可以把过于大的目标分阶段完成；学会赞赏自己，赞赏孩子，不要吝啬赞赏，这样可以让孩子更加自信，使他更客观地看到自己的闪光点，但是不要空洞赞赏，要具体客观，实事求是。

让低龄段的孩子学会将外部评价转为自我评价，这也是孩子在转型、成长过程中的重要功课。孩子通常喜欢用外部尺度来评价自己，例如"同学怎么评价我，老师怎么评价我，家长怎么评价我"，把这些评价当成他的自我形象。家长要慢慢引导他们树立真正的自我形象，让孩子学会自我评价。这样，在他们受到一些外界的不客观评价时，可以屏蔽信息，也可以自我处理这些信息，就会情绪稳定，不容易受外界影响。

第四章

同伴关系是儿童青少年人际关系中重要的关系

文 / 黄雪花

> 一个篱笆三个桩，一个好汉三个帮。儿童青少年拥有了自己的小伙伴、好朋友，他们一起分享快乐与烦恼，能更好地促进儿童青少年的心理健康和自我成长。因而，家长应该对孩子的交友情况保持客观的认知，并给予正确的引导。

同伴关系是同龄人或者心理发展水平相当的个体间在交往过程中建立和发展起来的一种人际关系，是一种平等的关系。良好的同伴关系能让孩子在遇到不开心、烦恼的事情时，有朋友倾诉，有利于心理健康；良好的同伴关系可以让孩子感觉到有好朋友陪伴，在日常生活中体验到愉悦、幸福的感觉；良好的同伴关系能促使孩子向好朋友学习，促进自我成长。总之，同伴关系在儿童青少年的发展中具有不可取代的作用。

小蕊交朋友

小蕊，女，初中二年级学生。性格内向，皮肤有点黑，个子偏矮。她小学时在县城读书，成绩优异，上初中后，父母为了让孩子有更好的学习环境，将小蕊送到省城读书。小蕊到新学校后，感觉自己特别不适应，称同学聊天的内容自己听不懂，自己从来没用过手机，同学说的游戏、明星、流行的服装，自己一概不知，因此，感觉别人说话自己无法插嘴，内心特别孤独。小蕊在寝室说话也比较少，感觉与同宿舍的同学待在一起很尴尬，因此，常常独来独往，常常通过在教室看书、写作业打发时间。班上有个内向的男生小林，也常常在教室看书、写作业，两人在教室碰面次数增多，时间久了，两人开始交谈，后来成了好朋友。小蕊初二时的成绩下滑，被同学、老师和家长认为他俩是在谈恋爱，家长和老师分别找他俩谈话，小蕊心情很郁闷，更加没有心思读书，成绩持续下滑。

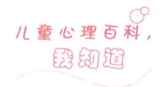

一、孩子面临哪些困扰?

上述案例中,小蕊怎么了?她面临哪些困扰呢?

(1)内心孤独

小蕊转学后没有熟悉的好朋友,同学们聊天的内容,包括游戏、明星、流行的服装等,由于她没有接触过,所以与同学没有共同话题,更谈不上有共同的兴趣爱好了,她内心很孤独。

(2)青春期,内心波澜

小蕊正值青春期,比较敏感,非常在意同伴对自己的评价。她跟同学没有共同话题,在班上和寝室里没有好朋友,与同学相处感觉特别尴尬,会产生心理上的不安和焦躁,这样会影响学习状态,造成成绩下滑。

(3)自尊心受挫

小蕊小学时在县城读书,成绩优异,但在初中时到了省城,周围的同学见识更广,她与同学相比,感觉自己就像关在笼子里的小鸟,啥都不知道。此外,初中学习竞争更加激烈,她的成绩已经无法像小学那样具有明显的优势,因此自尊心受到严重打

击,产生自卑心理。

(4) 内心委屈

小蕊内心其实很希望与他人分享快乐、倾吐烦恼。跟常常在教室看书、写作业的小林相处时间较长后,两人同病相怜,成为好朋友。但因为性别不同,又正处于青春期,非常容易让周围人误以为他俩在谈恋爱,所以小蕊的内心感觉到特别委屈。

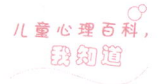

二、小蕊如何改变现状？

上述案例中，小蕊应该怎么做才能改变现状呢？

（1）提升人际交往的技巧

• **人际交往的黄金定律**：所谓黄金定律，就是你希望别人怎样对你，你也要怎样对别人，也就是需要尊重对方。每个人都会有自己的想法，当遇到对方的想法与自己的想法不一致时，你可以表达自己不同的观点，但不要立即否定对方，要尊重对方的想法。对人要真诚，切勿背后说人坏话。当朋友需要帮助的时候，及时给予帮助。大家相互帮助、相互分享快乐、相互倾诉烦恼，才能成为朋友。案例中小蕊内心孤独，渴望交朋友，那小蕊就应该主动找同学聊天，而不是疏远同学。

• **人际交往的白金定律**：所谓白金定律，就是别人希望你怎么对他，你就怎么对他。白金定律的核心思想是了解朋友的需求。要想了解朋友的需求，沟通交流是非常重要的。在沟通与交流中，要善于倾听，做一个忠实的听众，让朋友愿意与自己交流；同时，在朋友需要得到帮助的时候，提出自己的观点，提出观点时注意仅表达自己的想法，而不是去指责对方，或者是把自己的观点强加给对方。案例中小蕊觉得跟同学格格不入，没有共同话题，那小蕊可以先旁听同学们谈论的话题，保持开放的态度一点点融入集体生活。

· 人际交往的钻石定律： 所谓钻石定律，就是要善于观察对方的闪光点，也就是优点，适度赞美对方。每个人都希望得到别人的认可，同伴间的认可尤其重要。但是，赞美对方时一定要真诚，不是虚伪的奉承，只有真诚的赞美才能让对方愉悦。案例中小蕊应该学会观察同学，发现同学们在人际交往中有什么优势，哪些是自己可以向他们学习的。发现同学们的优点，并真诚地说出对方的优点，这对交朋友是有促进作用的。

· 情绪管理： 管理好自己的情绪，遇到事情时避免情绪化。与朋友发生矛盾时，冷静应对，避免情绪化地说出一些伤害对方的语言，或者做出一些伤害对方的行为。坏情绪会影响与人沟通，因此，在与人沟通时需要管理好自己的情绪。

（2）克服自卑

小蕊自卑，常常封闭自己，不愿意与同学相处，使得自己很难交到好朋友，形成一种恶性循环。小蕊需要克服自卑心理，这就要多发掘自身的优点。比如小蕊学习很勤奋，对人和善、真诚，小学成绩优秀，有较强的学习能力，这些都是小蕊的优势。

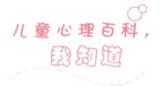

发现自身优点,有助于克服自卑心理。

(3)开放自我

小蕊常常封闭自己,不愿意与寝室同学以及班级同学交流,这样难以交到好朋友,也很难融入集体中。因此,小蕊要开放自我,多与寝室同学、班里座位临近的同学交流,只有这样,才能让更多的同学认识自己,才有机会交到好朋友。良好的同伴关系对孩子的情绪有非常好的调节作用,自己若遇到烦心事可以向朋友倾诉;良好的同伴关系还可以让孩子获得很多信息,如小蕊不懂游戏、不知道明星和流行服装,多与同学聊聊天,就可以获得相关信息。

三、该如何帮助孩子?

上述案例中,小蕊的父母应该怎么帮助孩子呢?

(1)倾听孩子的心声

父母需要倾听孩子的心声、理解孩子的感受。案例中小蕊和小林交往比较密切,家长、老师和同学都仅仅根据表面现象进行推测,认为两个同学在谈恋爱,没有好好倾听小蕊的心声,没有充分理解小蕊和小林走得近的原因，没有好好理解他们交往密切能给双方带来什么，而是指责他们在谈恋爱。这样做会给小蕊造成严重伤害，小蕊会产生心理冲突，好不容易有个可以相互倾诉的朋友，结果因为误会而不得不把自己的情感掩藏起来，内心冲突自然会影响小蕊的学习。

（2）多方位了解情况

家长要与老师沟通交流，与孩子的室友、同学沟通交流，了解孩子在学校的人际关系，了解老师和同学对孩子的评价，及时发现孩子的人际困扰，多与孩子交流，鼓励孩子多交朋友。特别是小蕊出现成绩下滑时，家长要多方寻找原因，理解孩子，跟孩子一起讨论，这才是帮助孩子的方式，而不是一味指责。

（3）共同探讨，寻找方法

家长应该与孩子共同分析自身优势和不足，肯定孩子的优势，寻找交友的方法；共同探讨孩子在学校与同学交往中的收获、困扰，助力孩子交朋友。

第五章

孩子的恋爱来早了

青少年爱情心理

文 / 董再全

> 孩子"早恋"的背后,可能潜藏着通过所谓的爱情来认识自我、弥补自身困惑,以及克服孤独的渴望,也可能只是好奇与模仿。客观地看待这一切,才能让孩子与你携手并进,健康成长。

谈论青少年爱情心理这个话题,需要先明确什么是爱情和恋爱。爱情是指两个个体之间产生相互爱慕的感情、情谊。恋爱则是两个人互相爱慕的行动表现。爱情是一种情绪,这种情绪往往是不可控的。而恋爱是一种行为,是实现爱情的方式,也可以理解为处理"爱"这种情绪的方式。恋爱本质上和游戏、旅行有类似之处,都是一种行为。行为的背后总是隐藏着情绪和认知过程。行为可能被某些因素强化,也可能被弱化,恋爱这种行为也不例外。我们在处理青少年"早恋"这一现象时,是可以借助某些方法进行弱化的。

一、青少年恋爱的 负、正性

"早恋"泛指个体之间成年以前发生的恋情。实际上，有数据显示，近40%的城镇学生和近50%的农村学生有过"早恋"经历。约30%的青少年恋爱是基于单纯的喜欢，25%是基于环境带来的空虚和孤独感。关于"早恋"，大家往往会存在一些顾虑，例如：青少年更容易基于情绪，而不是理性做决定；青少年价值观不稳定，更容易受同伴影响，过早发生性行为而损害身心健康、影响学习、脱离人群、形成不良习气等。这些顾虑往往都是合理的。

假如青少年发生了"早恋"行为，家长一定要及时给予正向引导。青少年恋爱也不一定一无是处。人在生活中会面临着多种人际关系，包括亲子关系、婚恋关系、职场关系，还有一般人际关系等，其中婚恋关系是最难相处的关系类型。如果一个人能把自己的婚恋关系搞好，那他处理一般人际关系基本没有问题。为什么？这是因为在婚恋关系中，两个人朝夕相处，会把所有的缺点、不足都放大，这个时候就非常容易产生各种摩擦。我们看到现在闪婚闪离的现象比较多，为什么？正是因为很多人不习惯这种亲密关系的相处模式。有的人可能比较擅长处理亲子关系，有的人比较擅长处理一般的人际关系，但是在婚恋关系中，他们可能非常容易遭遇挫折，而恋爱经历有助于他们在这个阶段去积累婚恋关系方面的经验。例如，如果和一个人朝夕相处，可能会产生什么样的问题，他们在日后的生活中可能会有意识地去调整。

另外，恋爱也可以为青少年在学业关键阶段提供一些情感支持。我们知道，现在学生的学业压力、人际关系压力、来自家庭的压力都是空前的，可以说，没有此前的哪代人能比现在这一代青少年承受的压力更大。例如，大家花大量的时间在学习上面，为了能区分优劣，考试题会出得越来越难，学习的强度也就会相应地越来越大。学业只是青少年面临压力的一个维度，其他方面还有很多，这个时候他们需要一些情感方面的支持。很多青少年在提及他们的恋情时，会认为恋爱对他们起到更多的还是正性的作用。

二、青少年为什么会"早恋"？

为什么青少年会选择"早恋"？这一行为的背后，我们可以从生物、心理、社会几个维度去分析。

从生物学维度分析，青少年受身体生长发育的影响，对性行为会产生好奇心，这是人类身体走向成熟自然产生的过程，大家也容易理解。

从心理学维度分析，不同的心理学流派对恋爱这一行为有不同的解释，在这里，更倾向于用"同一性危机"这个概念来理解。"同一性"是一个作为理性行为者的人关于自己的明确理论，使人的所作所为有明确理由，对自己的行为负责，并对其做出解释。同一性的构建包括同一性解构、同一性重构、同一性巩固和同一性形成。举例来说，一个青少年如果他很清楚自己将来想做什么，并能够很清楚地知道自己的能力能够达到什么样的地步，而且也有充足的理由能解释自己做这种选择的原因，就表明他的同一性就比较好。但是很多时候，青少年会经历"同一性危机"，即他们在确立自己价值观的过程中，会面临非常多的挑战，这些挑战会让他感到困惑和迷茫，这会驱使他在同伴中去寻求答案，也会促使他们有更多的机会去接触异性。但是，这时他们做出的往往是与自己的能力和愿望不匹配的一些选择，往往会浅尝辄止，漫无目标，之后他们的恋爱（如果发生了恋情）往往发生得比较突然，目标的选择也不是那么有针对性。他们选择恋爱，实际上是为了克服自己内心的一些不确定感，希望能够通过一段亲密关系来帮助自己认识自我，也渴望通过所谓的爱情来

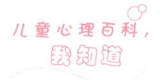

弥补自身的一些迷惑、困惑，以充实自己等。也就是说，青少年希望通过恋爱关系来确定自己想要什么，这是同一性构建的一种方式。

从社会维度分析，很多时候青少年选择恋爱是基于一种好奇、模仿、从众，甚至单纯是对父母的叛逆。现在的社会环境下，大家的生活节奏很快，除了学习，孩子的业余生活受父母的限制相对较多，孩子可能会产生强烈的空虚感、孤独感，他们会希望有一个人能够走进自己的内心，共同排解空虚感、孤独感，可能就会促进一些恋情的产生。另外，学业上的压力有时也会导致青少年通过恋爱来缓解压力，或者成为证明自己的方式。

三、家长如何处理青少年恋爱的问题？

关于青少年的恋情，随着这种问题越来越普遍，社会上的讨论越来越多，很多家长也不像原来那么焦虑了，处理的方式也很得当。在处理青少年恋爱的问题上，可以从以下几个方面考虑。

（1）家长克服不合理的看法

就像前文提到的，"早恋"是有利有弊的，不完全是弊端，家长不要一下子就想到问题最严重的一面，比如：孩子恋爱了，是不是学习成绩就要下降？会不会过早地发生性行为？甚至会不会受社会不良习气的影响从此堕落？这些就是把事情往最坏的方面想，太灾难化。另外，不要以偏概全。恋爱本身是一件美好的事情，我们需要避免恋爱带来的一些不良的后果，而不是否定恋爱本身，更不能因为一个青少年产生了"早恋"这种行为，就说他是学坏了，甚至否定他整个人。

（2）让孩子感受到被关心、被爱

从马斯洛的需求层次理论来讲，当孩子生理需要、安全需要得到满足后，这时他的需求就提升到归属和爱的需要。他希望与其他人建立情感链接，希望有一个可以爱的人，也希望可以被人爱。现在很多的青少年往往觉得自己从父母那里得不到足够的关心和爱，他就更容易通过到外面去寻找来获得足够的爱。家长如果给孩子提供的是一个充满爱的环境，能够对孩子足够认可，表达出足够的关心，是可以有效地减少青少年"早恋"行为发生的。

（3）家长帮助孩子把握好尺度

在孩子发生"早恋"行为时，家长可以态度坚决地提出要求，帮助把握好尺度。很多家长可能直接要求孩子断绝和对方的

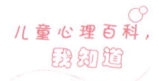

联系,这个度就没有把握好。为什么这么说?因为家长想要达到的目的是减少"早恋"带来的不良影响,而不是去杜绝"早恋"本身。有的时候你要求越高,可能越不容易实现。建议把这个度定在例如每天一定要准时回家、不准进入哪种场合之类的,而不是就"早恋"这一行为本身来要求。

(4)和孩子坦诚讨论

家长还可以做的,是和孩子坦诚地讨论,建立一种孩子愿意向家长透露自身信息的合作关系。这是最基本,但也是最难的一点。如果孩子向家长诉说了一件事情,他本来是想寻求家长的帮助,结果家长比他还慌乱、紧张,这个时候孩子就不愿继续把其他信息告诉家长了。如果孩子意识到把秘密告诉家长，会引起更多的不愉快，他们可能就不会愿意把这些信息告诉家长。心理学上有一个"容器"的概念，就是说父母更多地应该像一个"容器"，能够包得住、容纳得了孩子在家里释放的一些负面情绪，使孩子能把他们内心的一些纠结的东西讲出来。在这个基础上，我们才可以对孩子的活动加以"监控"。

"监控"不是鼓励家长去全程监控孩子的所有行为。孩子在家时，如果他的一举一动都会被父母注意到，他们会感到非常不安和紧张。甚至有的父母还在孩子的卧室里安装摄像头，以监控孩子在学习过程中的一些行为，这是非常不合适的做法。值得强调的是，这里提到的"监控"是有前提的，就是父母和子女建立的是一种合作关系，关系是融洽的。在这个前提下，再去了解他们的行踪，他们和谁在一起活动。有的家长要么就一心忙工作，要么就自己玩自己的，孩子一旦出现问题，马上就开始大加批判。这种要么不管，要么就非常武断地管理，是不恰当的。实际上，家长需要做的是，让孩子在家长觉得安全的范围内活动，尤其是孩子涉及"早恋"问题时，我们更有必要了解孩子的行踪，避免他出入一些可能会陷入危险的场所。但对于行踪更多的是一种"了解"，而不是让孩子觉得自己的一举一动都被监视。

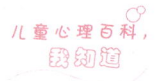

（5）给予孩子尊重

在沟通的过程中，家长要给予孩子尊重，要给孩子留面子。例如家长当着七大姑、八大姨的面就对孩子说"你怎么恋爱了，你不好好学习"之类的话，会让孩子觉得受到了羞辱。现在的青少年非常敏感，尤其是别人对他有否定评价的时候。如果不能给孩子以尊重，他就会觉得自己的面子受损，觉得自己在别人面前抬不起头来，当然就会产生怨恨的心理。

（6）引导而非指导

如果家长需要引导孩子往好的方向发展，注意，是"引导"而不是"指导"，更不是要求、命令。"引导"和"指导"的区别就在于，家长要通过自己的行为来促使孩子改变，而不是说家长自己做不到，就要求孩子去做到。"引导"和要求、命令的区别就在于，家长是对孩子提出一种期望、建议，而不是必须听家长的。这样可能会更有利于触发孩子的思考，而不是直接激起他们反抗的心理。

四、学校 可以做什么？

除了家长，学校可以做什么呢？学校老师往往面临更多孩子"早恋"的问题，也有很好的经验。总体来说，第一，就是不要敌对，尤其是不要公开处理。因为公开处理会让青少年产生非常强烈的应激心理反应，使他们面临很大压力，这种压力有时他们无法应对，会诱发产生一些情绪心理方面的问题。第二，学校老师要耐心去观察。很多青少年的恋情，往往还没有来得及去干预就结束了，所以也不要太着急。第三，要进行有效的沟通，包括和青少年自身以及父母的沟通。第四，开展好青春期教育。现在很多的青春期教育都是在讲性教育，这是不全面的，这一点我们和国外的一些国家相比，还有较大的差距。

五、青少年自身 可以做什么？

对于青少年自身，一旦发生了"早恋"，最重要的是，要先找准自己的定位。如果青少年想要独立、隐私、尊重，自己的事

情自己说了算,那需要一个基本的前提,就是要承担成年人的义务。不能一方面自己的事情自己说了算,要求父母尊重自己的选择;另一方面又需要依赖父母。如果把自己定位在一个"小孩",享受一些小孩的权利,比如被照顾、被关照、被容忍,那样的话就不能再去要求成年人的权利。如果青少年想要获得自己想要的东西,需要父母支持自己的恋情,就要学会说服别人支持自己,同时证明自己能做好。因为谈恋爱是成年人行为,如果想恋爱的话,说明已经开始把自己当作一个成人了。还有,对于青少年来说,要学会等待。例如父母发现了自己在"早恋",往往一开始父母会提出强硬的要求,这是父母自然的早期反应,要给父母一些消化的时间。

第六章

孩子的"营养"在家中

儿童青少年家庭氛围营造

文 / 郑耀宗、杨小兰

> 如果,孩子是一棵树,那么,家就是为孩子成长发育提供"营养液"的地方。你为孩子调剂的是什么样的"营养液"呢?

青少年心理问题的发生、发展,与自己的家庭密不可分。青少年需要持续地与父母保持联结,不断从父母身上吸取"营养液",从而成长壮大。这种"营养液"的好坏,孩子自己是无法分辨的,一开始他们只会全盘吸收,当他们开始独立成长时,再想去摆脱"营养液"带给他们的影响,可能就会有点困难了,因为这种影响已经深入骨髓。因此,让父母了解如何调剂好这种"营养液"是非常重要的。

案例

小王的家庭难题

小王,女,初一学生。小王从出生起就与父母一起生活,有一个4岁的妹妹。爷爷奶奶已退休,住在同一小区。老人主要照料两姐妹的生活起居,不参与孩子的教育。爸爸是一名公务员,妈妈是一名初中英语老师。小王描述妈妈是"特级教师",从小王小时起,妈妈就对小王的学习要求比较严格,只要学习稍有松懈,妈妈就会体罚、责骂她。生活上,妈妈却对小王娇生惯养,小王从小生活习惯就比较差。

小学四年级开始,妈妈的高压学习策略失效,小王开始反抗,和妈妈的关系日趋紧张。但妈妈还是一如既往地实施高压政策,最后发展到母女两人拳脚相向的地步。爷爷奶奶看到小王和母亲顶撞的状况,也加入到母亲的"队伍",一起"教育"小王,认为小王不懂感恩,不服管教。一开始爸爸不怎么管教孩子,整天忙自己的事业,后来孩子和母亲的冲突严重后,爸爸也觉得女儿有问题。于是这个家庭陷入了"混战",小王一人抵抗着四个大人的"攻击",最后连妹妹也开始嫌弃姐姐了,甚至觉得姐姐很"坏",这样所有家庭成员都站在了小王的对立面。小王的情绪越来越糟糕，学习也逐渐没有动力，成绩一步步下滑。随着孩子的状态越来越差，人际关系变得敏感，同学关系也出现问题，与同学的矛盾日趋突出，小王在学校开始被同学孤立。

后来家人带孩子做了心理咨询，一开始母女都在调整改变，亲子关系也逐渐得到改善。可好景不长，妈妈后来觉得咨询师很多时候只是一味地迎合孩子，对改变家庭关系失去了耐心，母女关系又开始变差，孩子认为妈妈之前的改变都是假的，对家人也越来越不信任，两人又陷入"恶斗"中，家庭关系恢复如前。这种情况一直持续到初一，小王的情绪状态越来越差，最终不得不到医院就诊。小王被诊断为重度抑郁发作，不伴精神病性症状，医生建议住院治疗。医生在和父母的访谈中发现，母亲极为敏感，有严重的焦虑症，并伴有抑郁症状，她是一个缺乏力量感的人，遇到问题非常无助，解决问题的能力很差，对孩子的问题束手无策。心理治疗师针对孩子的问题，对母亲进行心理教育后也没起到作用。父亲是单位领导，工作压力大，情绪暴躁，对孩子更是缺乏耐心。医生建议父母去做心理咨询，调整自己的状态，父母均不听从建议，觉得问题在孩子身上。之后医生在和父母的沟通中，感觉到父母有放弃给孩子治疗的想法，出院随访中发现，这个家庭的矛盾冲突状况依然没有改变，孩子的情绪状态也越来越差。

> **华西医生对您说**

从上述案例中可以看出,小王的父母都存在严重的情绪问题而不自知,处理问题的方式单一,解决问题的能力比较弱。家庭教养方式也存在问题,不懂得如何教育孩子,不会处理和孩子之间的关系,家庭关系糟糕。母亲在教育孩子的过程中,没有掌握针对孩子成长中各个节点的养育方法,共情能力差,方式粗暴,根本无法理解孩子,并且在遇到问题时束手无策,选择逃避,甚至想放弃。

一、父母如何做好孩子的坚强后盾?

(1)父母要先照顾好自己

在上述案例中,我们能看得出来,小王父母的状态非常不好。其实不止这对父母是这样,我们在临床中发现,大部分抑郁症孩子的父母,他们的情绪状态都比较差。梳理后发现,这些父母的心理状态多多少少都存在一些问题:有的父母工作压力大,有的父母家庭关系糟糕,有的父母本身心理问题就很严重……生活在这样的家庭环境中,孩子的状态怎么能好呢?

父母要先学会体察自己的状态。很多时候,父母觉察不到自

己的情绪，对自身状态不敏感。当父母自身长期处于一种紧绷的状态时，一旦遇到问题，其情绪就有可能崩溃，这个时候他们更多的是在发泄自己的情绪，而不是解决问题。在处理孩子问题的过程中，这类家长常常就会失衡，采取不合理的方式方法。这样不但解决不了问题，可能还会放大问题。我们经常告诫孩子的家长：当你有情绪的时候，先去处理自己的情绪，不然你可能只是在发泄情绪，而没有真正地面对孩子的问题。这个时候，作为家长，你可以停下来，先不处理孩子的问题，而是把注意力放在自己的当下，先调整自己的状态。家长也可以定期对自己的状态进行梳理：工作压力大吗？夫妻关系好吗？家庭和谐吗？人际关系好吗？容易发怒吗？睡眠好吗？最近食欲减退了吗？最近家里有

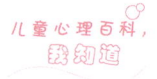

重大的事情发生吗?……

那么,应该怎样"照顾"好自己呢?

第一,保留并保护好自己的私人时间。思考一下自己的兴趣爱好是什么?你是喜欢看书还是喜欢听音乐?每周末要看看电影,还是听听音乐剧?有自己放松的时间,才能更好地调节自己的生活,才能积蓄更多的力量。就像电池要充电一样,你不充电怎么有力量去驱动别的东西呢?

第二,留出自己人际交往的空间。有了孩子之后,很多人就变得没有夫妻关系了,以前交往密切的朋友也不怎么来往了。很多家长把全部身心都放在孩子身上,这样往往会失去自我,久而久之会导致自己的状态不佳。如果眼里全是孩子,不能跳出来的话,孩子也会觉得喘不过气来,你也很难更客观地看待孩子。

第三,觉察并学会处理自己的压力。要学会自我觉察,包括情绪的觉察、身体的觉察,能够感知到工作的压力、家庭关系的问题、人际交往的问题以及当下生活的状态等。能够意识到自己的压力,并学会管理压力、处置压力。要明白事情的轻重缓急,可以把事情分为四个层级:重要且紧急的事情、紧急但不重要的事情、重要但不紧急的事情、不紧急且不重要的事情。重要且紧急的事情优先做,紧急但不重要的事情其次做,重要但不紧急的事情放在第三位,不紧急且不重要的事情放在最后。孩子的教育放在什么位置呢?社会上充斥着"不能让孩子输在起跑线上"这种说法,父母不自觉地把这件事当成了重要且紧急的事。俗话讲,十年树木百年树人,培养一个人才需要漫长的过程,应该将其放在"重要但不紧急的事情"这个层级。所以,遇到孩子的问题,父母可以首先思考该如何更好地处理,而不是立即处理。

第四,要有健康的生活方式。父母是孩子学习的榜样,父母不良的生活方式不仅会对自己产生很大的影响,也会在潜移默化中影响孩子。因此,父母要学会监控自己的生活方式,时刻提醒自己,继而建立适合自己的、健康的生活方式。

(2)做个"合格"的父母

父母是否合格,其实是没有标准的。父母需要不断学习,与时俱进,不断提升自己在教养孩子方面的能力。古人讲,天下无不是的父母,但有些时候,我们为什么不合格?是因为我们爱的方式有问题,有些方式让我们的孩子更受伤害。

上述案例中,小王的家人难道不爱她吗?但是这种爱最终给予孩子的,是更大的伤害。现在需要家长如何做呢?首先是陪伴孩子一起成长。陪伴是一个很重要的教育方式,学会跟随孩子,在合适的时候给予孩子积极的引导,不武断、不批评、不指责,切忌像上述案例中的小王父母一样。同时,在孩子成长的过

程中关注其人格的形成,而非仅仅考虑某个行为。一个成熟的人格特质,远远大于某个不良的行为。其次,多给孩子面对困难的勇气和信心。家长要学会适当给孩子创造一些困难,让孩子去克服。孩子克服的困难越多,孩子的能力就会越强,就会明白困难不是不可逾越的鸿沟,只要有勇气面对并努力去克服,就一定能够找到解决困难的办法。具体实施时,一定要注意设置的问题对孩子是否过于困难,避免打击孩子的自信心。过程中要注意鼓励孩子,多表扬孩子努力的过程,而非仅关注结果。当孩子成功克服困难的时候,及时给予肯定和奖励。再次,要学会温柔而坚定地改变。遇到问题时,父母要学会控制自己的情绪,采用合理的

方式教育孩子。也要学会通过设定优先顺序来修正孩子的行为，不要眉毛胡子一把抓，也不要一味地将就孩子，必须坚守的底线一定要坚持。要学会建立渐进的目标，逐步改变孩子的不良行为习惯。

二、如何抓住孩子的成长关键期进行合理教育？

在孩子的成长过程中，情感联结永远是第一位的，联结是最宝贵的养育工具，其他的一切都取决于这种关系的质量。上述案例中，小王的家人并没有抓住这一点，情感联结还没有建立起来就开始教育，显然是不合适的。

在孩子成长的过程中，父母需要给予孩子足够的爱，同时给孩子设立明确的界线，在适当的时候说"不"，并且帮助孩子学会在这个世界上与他人和平相处、互相尊重。同时，要给孩子足够的空间，当孩子犯错的时候，父母应该给予孩子理解，让他有修正改过的机会。比如一旦孩子做错事，就挨骂受罚，孩子会渐渐失去做事的动力。同时要给予孩子自主决断的机会，培养孩子的自主能力。让孩子学会自我抉择，并承担相应的责任。要知道，真正的自我价值感并不仅仅来源于被爱、被赞扬等，更多

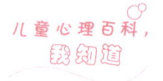

的是来自孩子处理生活中的"起伏"和"失望"的能力、适应的技能。

上述案例中,小王的母亲没有在孩子处于幼儿园和小学低年级段时培养孩子的学习习惯,引导孩子的兴趣,只是以分数为目标,最终导致孩子学习习惯差。小王在小的时候可以通过投机取巧获得不错的成绩,但年龄越大,学习越困难,加之母亲引导失当,问题变得越来越严重。

孩子在迈入青春期的过程中,自我意识开始出现质的变化,独立性不断增强。而上述案例中小王的母亲没有意识到这个问题,并不改变教养方式,觉得严格要求孩子就会起到作用。其实这个阶段,小王的母亲更应该尊重孩子的意见和看法,家里其他人也不该打压孩子,不该用道德标准威胁孩子,导致孩子不能被理解,最终关系越来越差,陷入僵局。

所以说,家长要学会抓住孩子的关键期,在不同的节点,利用不同的方法,教育和引导孩子才能更顺畅。

02

第二板块

解压

♥心理学课堂
♥安全指南针
♥教育风向标
♥家长测评站

「第二板块 ♡ 解压」

第七章

孩子的"石头"帮他搬

儿童青少年压力缓解

文 / 罗宇鹏

> 在孩子的成长中,有些压力会让孩子感到焦虑和紧张,甚至无法自我调整,造成身心状态的直线下降。一起应对各种压力和困难,是你和孩子需要共同学习的事情。

精神问题已经愈来愈成为一种社会问题,全球超过10亿人存在精神健康问题,而我国精神疾病普及的践行道路仍较长远。目前,儿童青少年在学校和家庭中都有或多或少的压力,研究报告表明,现在孩子的情绪问题逐年上升,心理疾病患病率明显提高。如何帮助孩子正确面对压力是家长和老师迫切想要解决的问题。

案 例

小丽的转变

小丽，女，初一学生。小学阶段她的成绩非常优秀，她还学了多项技能，比如钢琴、跳舞等。但是进入初中后，小丽在学校扛不住学习压力，成绩下降了。从那以后，她慢慢就生病了。小丽生病后，家庭内部发生冲突，爸爸一味觉得是妈妈过去对小丽要求太高了，导致孩子现在特别脆弱，不能接受挫折。这个家是重组家庭，妈妈则觉得爸爸不关心她们母女，而是对前妻的儿子特别关心。父母双方的抱怨和冲突特别激烈。小丽从他们的争吵中得知了自己是重组家庭的孩子，冲突进一步加剧。后来，小丽出现频繁的自杀行为，并去结交社会上一些不良青年，以此来反抗父母，吸引父母的关注。后来父母带小丽去看心理医生，医生与小丽的父母做交流，劝他们稳定下来，为了孩子的健康，要改变过去的相处方式。

小丽的爸爸在明白事情原委后，调节得非常快，立刻做出改变，只要他下班回来有时间，就把全部的精力放在女儿身上。不过有时他也会觉得内心很痛苦，认为自己已经做得这么好了，女儿却还是不停地做出一些出格的事情来刺伤他，但他还是忍住情绪坚持了下来。就这样经过一年多的磨合，小丽终于好了。有一天她对医生说："我知道了，我现在要过好自己的生活，要开始学习了。"

华西医生对您说

孩子需要时间去成长，所以父母一定要有耐心，要像个容器一样容纳孩子的各种问题，家庭的稳定、父母的稳定是对孩子最好的支持。父母的陪伴与沟通是孩子成长最好的催化剂，一起应对各种压力和困难，也是父母和孩子需要共同学习的事情。

一、孩子的 压力来源 都有哪些呢？

压力是指能够引起心理反应的一种认知和行为体验的过程。有些压力能带来动力，让人更好地去适应环境和调整自己的状态，但有些压力则会让孩子感到焦虑和紧张，更有甚者患上心理疾病，无法自我调整，造成身心状态的直线下降。压力来自方方面面，那么孩子的压力来源都有哪些呢？

（1）来自本人

每个孩子的性格千差万别，有的人做事时喜欢拖延；有的人

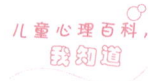

觉得外界对他的要求过高，觉得自己不够优秀；有的人无法适应新的环境，处理不了新的人际关系。孩子会在很多情况下产生压力，比如：临近考试，有些孩子学习效率不高，就会不满意自己的状态；有些孩子担心考试成绩不理想，不能让家长满意。当比较高的期望值与现实情况不匹配、难以达到目标时，厌学症、恐学症、考前焦虑症等就会出现。

（2）来自父母

孩子对自己的高期望值多来源于原生家庭，很多时候孩子一定程度上是在取悦家长，通过达到家长的期望值来获得认可。因为孩子是一个很幼小的个体，在自信心、自我认可方面往往不

足,常通过周围人的眼光来证明自己。孩子会通过家长的态度观察自己,如果家长一直对孩子不满意,总说不足,没有鼓励,那孩子的感受肯定不太好。

(3)来自社会

现在的孩子虽说接受的是快乐教育,家里的经济也改善了很多,但是面临的压力比上一辈人更大。多元化的社会,家长想让孩子全面发展,繁重的学业减少了很多孩子与同龄人玩耍的时间,减少了他们亲近大自然的机会。除此之外,孩子们还面对各种危机,比如心理危机、应激危机。心理危机在人的成长和发展中不可避免,比如说升学考试、青春期发育、恋爱、工作、婚姻,这些都是我们每个人必须面对的成长中的压力。应激危机是遭遇一些不能预料的、突发的心理危机,比如地震、父母离婚、被家庭遗弃等。单亲家庭、被遗弃的孩子更有可能出现情绪问题。

(4)来自环境

青少年的从众心理是一件很麻烦的事情,比如说一个班级有一个孩子跳楼自杀了,好像这个班患抑郁症的人数一下子就会增加。所以,一些不良的诱导会干扰孩子的成长过程,会出现同班几个同学一起就诊的情况。由此看来，拥有良好的成长氛围也是很重要的。

二、各个阶段的孩子 面对压力 应该怎么处理？

如何处理孩子在各个成长阶段的压力？要先正确识别它。不是说所有压力都要去处理，在适当的压力环境下，孩子解决事情的能力和抗压能力都会得到有效提升，从而逐渐走向成熟。所以，了解每个阶段孩子的心理状态是很有必要的。

（1）儿童期（6—12岁）

这个阶段的孩子往往表现欲望比较强，经常担心自己不能完成学习任务，或者不能像同龄孩子那么优秀。在这个阶段，他们更多的是想要在同龄群体中做得更好，在有竞争的游戏中，他们不太会去与人合作。当他们认为自己不能实现愿望，或者不能达到学校对他的期望时，就容易变得自卑，从而回避社交，不愿与人交往，因为这种交往会带来一些挫折感。

这时很重要的一点便是父母的陪伴、影响。父母应该给孩子足够的关注和正面引导，这个时候这样做的效果是最好的，也是孩子最需要的。比如有时家长在做自己的事情，孩子总是通过各种小动作来吸引家长的注意，其实他是希望家长能更多地关注他，支持、引导他，让他获得足够的被尊重、被肯定的感受。所以家长要根据孩子的特点因材施教，利用他们爱社交、渴望被人关注的心理，给予他们足够的关注。这样，孩子在今后的成长中养成"太以自我为中心"的性格概率会大大降低。因为人在成长后期的表现，往往就是一些前期缺乏的、不被满足的因素的某种延续。在孩子的儿童期建立很好的家庭关系，是一件很有意义的事情，有助于以后的家庭互动、人际关系互动。

（2）青春期（12—18岁）

现在有个词比较流行，叫"青春期逆反"，但这个"逆反"背后，有不同程度的多种表现和原因。青春期的特点是，他们在探索："我要成为一个什么样的人？要过什么样的生活？将来在社会中承担什么样的角色？"这是一个探索的过程，因为他并不知道答案，也没有标准答案，所以这个时候相对来说是比较混乱的。在这个阶段，他们很渴望自己被充分尊重和认可，不太希望受到父母的干涉和保护。有的时候父母的一些提醒、告诫，都会让孩子觉得你对他不真诚、不放心，还是把他当小孩。孩子这个时候是在走向离开原生家庭的方向，他的每一次努力和进步，都是为了今后能够更

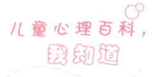

独立。很多孩子的拒绝是在建立边界感和自我意识。

当我们了解了这些之后,就不用那么焦虑了,不要觉得孩子要离开自己了、他不需要自己了,就是一件令人难过的事情。相反,我们应该充实自己,不要担心自己找不到存在感、需求感,从而成为"空巢老人"。作为家长的我们应该减少对孩子的过度保护和束缚,给他们足够的自由度,不要去剥夺孩子的成就感和自主感,如果他找不到这些自主感,就会缺乏心理健康的根基。

三、如何与孩子共同应时和解决压力?

(1)制订计划

最简单、有效的缓解焦虑的方式就是行动。与孩子一起制订一个短期内能完成的目标。确定目标后,我们怎样才能够达到这个目标呢?首先应该将目标分解,把具体要实施的行动条理化和细致化,根据计划来行动。这样让孩子每天的行动处于一个可以检验的状态,也就是说每一天的行动能够量化。如果能够按照原定计划行动,那么比较完美的抗焦虑的过程就形成了。孩子在当下的一天中,如何完成任务,这就是预期焦虑。当预期的计划完成的时候,就是抗焦虑和产生愉快感的时候。

（2）走出家门

家长和孩子一起远离手机和电视，进行一些探索游戏、户外运动，而不是单纯报辅导班。有科学依据表明，运动对轻、中度的抑郁和焦虑是有明显改善作用的，是一个很有效的治疗方式。它不光能促进身体健康，还能改善自我概念，是最没有副作用的一种治疗方案。所以不管老师还是家长，鼓励和陪伴孩子去运动，是一个非常有效的缓解压力和释放压力的方式。除此之外，还可以鼓励孩子跟小伙伴一起游戏，有意识地让孩子能够更多地走出房间，在家长的陪伴下去亲近大自然，养成社会性，学会如何跟人相处、如何调整自己的习惯。

（3）学会放松

对压力和应激的管理，要先消除紧张情绪。紧张感是对出现问题的一种心理警示，比如：孩子学习数学的时候，一想到语文还没复习好就换语文；复习语文的时候，觉得自己英语不好就看英语，老在想"我一定要考好"。这种无意义的压力，会让孩子的学习效率变得很低。家长可以尝试帮助孩子做一些放松训练，或者转移注意力，这些都是很有效的方法。比如：孩子考试很紧张，可以告诉他考完了去吃美食，去游乐园玩，把注意力转移到

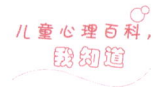

考完试之后要做什么,这样他就没那么大压力了。

(4)拒绝过度保护

压力伴随终身,有些压力是健康的、积极的,不要把孩子所有压力都去除。对孩子进行健康教育,让他们正确认识压力,赋予压力意义。学会从对比中找到人生幸福的时刻,比如:在饥饿的时候,能吃饱就很幸福;在生病的时候,能健康就很幸福。

因为我们的情绪会在前后对照、比较中产生变化,从而产生愉快感和成就感。所以说我们要让孩子赋予自身生活的意义,让他能够不断有目标去完成;让他建立能够面对生活压力的自信;要让他感受到不管什么时候遇到压力,父母是爱他的,他是能够寻求帮助的,他不是一个人在战斗。他是家里一个很重要的核心成员,父母会跟他站在一起,不管结果如何,他都应该尽力、努力地去做,因为努力去做的过程也是给自己建立信心、化解焦虑的过程。

(5)接纳不完美

创造一个适合自己孩子成长的环境是很重要的。比如孩子只有平行班的水平,却非要把他送到尖子班里,把他弄到一个全是高手的地方,他会觉得自己在班里老垫底,心里会舒服吗?所以家长不要把孩子放在一种让他们持续受挫的环境中，否则他们很容易产生倦怠和无力的感觉。不要一开始就要求孩子特别努力，要求要适当。每个人机体内都储存着有限的能应对压力的能量，但是如果过度焦虑，能量便会耗竭。有时候能坦然承认孩子不是那么完美、不是那么优秀，孩子反而能走得更远一些，发展得更好一些。

（6）各司其职，做好表率

家庭里面的每个人都要履行好自己的职责，比如母亲该做什么，父亲该做什么，孩子该做什么，尽量不要去越位，不要去帮孩子计划太多事情，这样会影响孩子的自觉性和积极性。同时父母要起到表率的作用，比如希望孩子多看书，自己就该把手机放下，从自己看书做起。所以，父母应反思，在这个家庭中自己是不是把该做的事情都做好了。

（7）正确批评

面对孩子的失败，父母如何批评教育也是一件值得学习的事情。要反思自己有没有经常大声吼叫，说话有没有很啰唆，家庭关系好不好等。可以尝试这个解决方案：以后再看不惯自己的孩子，你每天也只给自己一次批评他的机会，绝无二次。你用了一

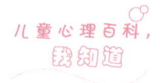

次机会后,当天就不要再批评他了。你可以认真观察、思考哪件事情是最重要的,不要鸡蛋里挑骨头,事事都想批评他。你批评他的次数减少,你与孩子之间的关系就会有效缓和。

(8)认同和鼓励

当孩子焦虑、害怕考试考不好的时候,父母应采取一些鼓励的方式,帮助孩子找到自身的一些亮点。比如表扬他这段时间确实很努力,从正面来积极地引导他,然后再鼓励他对抗自己学业上的一些压力,慢慢地获得一些进步。每个孩子都是有亮点的,父母更应该发掘这样的亮点,关注孩子的成长。除此之外,父母应充分考虑各种情况的后续安排,让孩子足够安心,有一定的空间去自由发挥,不要一味地增加他的升学压力。

(9)体验生活的不易

有些孩子觉得在学校里很痛苦,还不如出去工作,这个时候可以选择让孩子去体验一下生活的苦与甜。家里过得太舒适,相比之下读书就显得很累,不如让他过得相对累一些,让他能体会到读书更容易些。

（10）了解网络成瘾背后的原因

家长要理解网络游戏最基本的机制是什么？第一个机制是网络游戏背后的犒赏机制。它可以给人带来愉悦感，这种愉悦感反过来又可以对行为做出正性强化，这是一个非常原始的机制。第二个机制是孩子去做这件事的时候，可以减少一些不想要的、痛苦的感受，比如焦虑和压力。所以，父母最重要的是去了解孩子心里有哪些痛苦，然后帮助他在现实生活中或精神层面去解决这些痛苦。只有解决了这些问题，网络成瘾问题才会被根本性地解决。

（11）家长、老师共同协作

家长和老师作为孩子成长过程中重要的陪伴者，双方应该积极地进行沟通，建立良好的家校沟通关系。

家长作为孩子的监护人，不建议一直给孩子强调说如"你看这位老师不喜欢你"类似的负面言论。孩子其实很想得到老师的肯定，也想得到家长的肯定。家长可以尝试跟孩子说类似的话："其实这位老师是很喜欢你的，有些事情我们是可以和老师进行沟通交流的。""你有没有什么事需要妈妈或者爸爸去跟老师进行交流的呢？有没有什么不好直接对老师说的话，爸爸妈妈可以帮你代为传达。"这样做，一是保护了自己的孩子，二是能让家校之间形成一种正常的、良好的沟通状态。如果孩子一直对某科

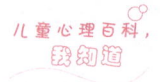

老师产生抵触情绪的话，那他之后就更不愿意再和这位老师进行沟通了。

老师在学校也应时刻关注孩子们的动态，如上课状态、与同学的相处状态、平时的精神状态等，及时与家长进行沟通，共同商量对策。如果孩子有什么心理上的问题，应该从帮助的角度去与家长交流，而不是非要让家长承认自己的孩子有疾病，以为这样会更快解决孩子的问题，但结果可能恰恰适得其反。

压力无处不在，我们应正确处理压力，使其变成督促孩子成长的动力。愿每个孩子都能健康成长。

第八章

孩子的情绪是朋友

儿童情绪障碍的应对

文 / 杨 涛

> 在孩子的喜、怒、哀、乐背后,都有"情绪"这种内在感受的推动作用。把孩子的情绪当"朋友",充分理解情绪的重要性,才能更好地应对。

儿童情绪障碍（Childhood emotional disorders）指发生于儿童青少年时期的与儿童发育和境遇有关的一组心理问题,如焦虑、恐惧、抑郁、强迫。近几年,儿童情绪障碍发病率呈逐渐增高趋势,情绪障碍在儿童青少年精神障碍中的占比达到第二位,仅次于儿童青少年行为障碍,如仅分离焦虑在儿童中的发病率就达10%。据估计,我国受到情绪障碍和行为问题困扰的17岁以下儿童青少年有3000万人。一般的情绪问题在儿童青少年身上具有普遍性,这在我国当前社会转型时期尤为凸显。儿童青少年自我意识水平较低、行为问题突出,父母教养方式不当是引起他们情绪障碍的重要原因。

小柯妈妈的自述

小柯,男,13岁。从小到大,他成绩一直很好。小升初时,他上了市里很好的私立中学。为了让他有一个更好的学习环境,我们托人又让他进了重点班。谁知小柯刚开学时,成绩还在中上游。可是几次考试之后,他各科成绩排名越来越靠后。由此,小柯出现了厌学、失眠、头晕、头痛、发脾气等情况。经常的失眠导致他精力减退,上课分心,成绩更是落后了不少。等发现异常时,他已经用裁纸刀在胳膊上划了一道道伤口。妈妈说:"看着孩子手臂上一道道伤痕,真的很心痛。"

小柯妈妈在做心理咨询时坦白承认:"我在教育孩子时的一些行为,有一部分是学来的,我父亲就是这个样子。当我感觉孩子的情况不受控制的时候,我就会抓狂,特别是我的孩子在尖叫、打闹,或是抱怨、讨价还价的时候,我就会生气。我喜欢安静、沉着、服从性高的孩子。我企图给孩子讲道理,把自己的价值观念强行灌输给孩子,经常提起他以前的错误,企图数错并罚。这些做法在家庭中造成了很负面的情绪氛围，孩子很抵触，经常发脾气。当事情不能'尽如我意'的时候，我就会觉得很烦，然后打骂孩子，这样一切就会安静下来。接着，后悔之情油然而生。"

华西医生对您说

成年人在家庭中确实起着塑造者的作用。从孩子一出生开始，父母的脑子里就会跳出两个字：教育。只是，"教育"二字带来的强大使命感和紧迫感，让我们忽略了这样的事实——我们与孩子之间先有"关系"，后有"教育"。我们和孩子之间的关系越友好，教育才越有效。在家庭成员之间的动态联结上，情绪每每起着关键作用。

大多数人都有能力在浅层次上认清：自己会在什么情况下受到刺激而闹情绪。比如："孩子对我无礼，我就会生气。""孩子不做功课，我就会情绪发作。"或者"听老师讲孩子学习上的问题，我就会受刺激。"这些都是表层的原因，那么我们真正受刺激的原因是什么呢？我们需要认识到：情绪来自自己本身，而不是由他人的行为引起的。

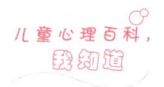

一、认识"情绪"

（1）情绪是用好坏来区分的吗？

情绪是个体本身和客观事物之间产生的关系时短暂、强烈的一些反应，它是一种主观的感受，也是一种生理反应，是认知的一种互动。对我们来说，情绪基本的表现形式是喜、怒、哀、乐。

很多孩子会觉得，情绪可能有好的情绪，也有坏的情绪。了解情绪的特点就会发现，对情绪本身来说，没有好与坏之分，也就是说，在我们每个人的成长过程中，不管是喜、怒，还是恐惧，对我们的成长，都是非常必要的。每个人生来都有情绪，情绪让我们在体验生命的同时，得以"感受"。因为"感受"，所以我们可以跟彼此联结。正是因为有情绪，我们才得以体会爱中的喜乐，并且珍惜爱。相反，我们也会经历痛苦的情绪，像是悲伤、恐惧、羞愧与愤怒，但这些也是同等重要的，如同触碰火烫的炉子时，会让我们收到将手抽回来的信号。所以对情绪本身来说，它是没有好坏、对错之分的。情绪的特点，就是需求得到满足或者没有得到满足的一种生理反应。不管是儿童青少年本身，还是家长，都要有这种意识，对情绪要有一个新的概念：不区分情绪的好坏、对错，任何情绪对我们来说都是有必要的。我们把情绪划分为"好"或"坏"、"对"或"错"，只代表情绪带给我们的感受是舒服或不舒服。

（2）情绪的行为反应

因外界环境的影响而产生的情绪，会转化成一种特定行为，这种特定行为会通过如表情、语言、动作表现出来。所以，当一个孩子在家中出现一些情绪问题时，家长往往会有非常敏锐的感受。家长可能在第一时间就能感觉到这个孩子出现了一些身体状况、产生了一些情绪，它会通过我们的身体和表情表达出来，如：身体僵硬、紧绷或无力；脸色阴沉、忧伤或似面具般毫无表情；故意躲开家人的目光，对别人的话充耳不闻；说话声音尖锐刺耳或呢喃不清。这些身体状况都是由情绪这种内在感受推动着孩子的行动而产生的。

（3）了解情绪背后隐藏的需要和感受

孩子有了情绪后，通常有两类表现：一种是爆发，另一种是压抑。

爆发者，把情绪往外推。家长会看到孩子有诸如大喊大叫、大哭、手舞足蹈等表现。孩子有时会觉得"我非常愤怒""我非常恨他们""我怎么能这么优秀，太令人开心啦"，有时甚至随意把情绪发泄出来伤害别人，最后导致孩子受到别人的排斥，人际关系出现问题。这些都属于把情绪往外推的表现。

压抑者，把情绪往内吞。孩子用生命力来压抑情绪，导致其成长和学习受到严重干扰。对于儿童青少年来说，对他们产生影响的一些内在情绪，如焦虑、紧张、悲伤、沮丧等，往往是家长无法感受到或看到的部分。

家长可能觉得孩子总是不和自己沟通，而且态度很恶劣；孩子则会觉得家长不能理解、包容自己，自己遇到的很多困难没办法向别人诉说，而且家长是不可信任的。这种情况出现往往反映出家长只看到或了解到孩子情绪"冰山"上面的一些状况，而没有理解其深层情绪产生的原因。所以，对孩子隐藏的需要和感受的了解是非常重要的。

二、获得 情绪能力

（1）理解情绪的重要性

在生活和学习中，我们确实会经历痛苦的情绪，如悲伤、恐惧、羞愧与愤怒等，若处置不当，就会影响到我们的生理健康和工作、生活。比如情绪化饮食，会造成进食障碍等不良后果；比如抑郁，觉得自己无论如何都"振作"不起来。

情绪总会按照一定的顺序逐渐展开，这其中，理解并接纳一种情绪的所有组成部分极为重要，因为一旦我们达成这一点，就能够通过改变其过程中的某个部分，来改变情绪本身。诸多因素如遗传、生理、外部事件、内部体验等，都可能触发情绪。在这一过程中，我们会接纳情绪，同时，如果改变对我们有好处，我们就会朝着这个方向去努力，直到养成习惯。因为人们天生倾向于做更多让自己感觉良好的事，逃避不佳之事，但如果不能理解情绪，就只能盲目地应对。只有理解情绪，我们才能在情绪的浪潮中找到方向。

（2）情绪能力是一种什么能力？

发展学家认为，顺利获得"情绪能力"对儿童青少年的社会能力发展至关重要。

事实上，我们如果总是逃避自己的情绪，就无法提高自己应对不良情绪的能力。如果我们能够觉察、接纳情绪，知道如何去应对，就不会长时间沉浸在痛苦的情绪中。

一个人拥有对自己和他人情绪的觉察能力以及管理自己情绪的能力，是至关重要的。

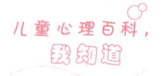

情绪能力主要包括三个方面：

第一，理解能力。理解能力即能够觉察自己或他人的情绪，以及了解其出现的原因。儿童青少年往往能够觉察到家长的一些态度、情绪，以及家长出现这种情绪背后的原因。孩子如果能够理解到这个层面，那就说明他的理解能力发展得很好。

第二，表达能力。儿童青少年如果能够做出更多的、积极的情绪表达，使自己的消极情绪比较少、积极情绪比较多，那么说明他的表达能力发展得很好。

第三，情绪的调节能力。儿童青少年在成长过程中，会有一些自己的情绪体验，这些情绪体验可能表现为很好的感受，也可能表现为糟糕的感受，如果他能顺应这些情绪体验，并适当地思考，就能将情绪调整到正常状态。要带着接纳的态度去认可，即承认自己的感受，这样就能避免产生继发情绪，例如：把情绪正常化——我因为没有得到那个机会而感到悲伤，这种悲伤的感觉是完全合情合理的，有这种感受很正常。

如果具备了管理好自己的情绪的能力，那么，儿童青少年在社会交往中就能保持和他人的积极关系。多强调积极、正向的力量，就能在遇到一些挫折和困难时，较好地调整自己的状态。

三、情绪应对方式

（1）心理应对方式

■ 学会无条件接纳

尝试改变态度，学会无条件接纳。正视自己和现实，客观看待，不去评判。意识到自己的处境由来已久，是一连串事情的结果，不再以愤怒和责备的心态与过去之事纠缠不休。无条件接纳（不管是对家长自己，还是对孩子），主要是指在几件特别不容易做到的事情上做到接纳，如下所示：

・做错事情的时候。每个人都有犯错的时候，当孩子做错事情时，需要接纳孩子，不要因为孩子做错了而给予负面评价。

・做的事情没有达到家长期待时。比如家长希望孩子能做到自己收拾书桌、卧室，但孩子一时又做不到，依然到处散落着物品。没关系，接纳孩子此时此刻还达不到家长的期待这一事实。

・做事情失败的时候。不是做错了，而是努力过，但还没有达到目标。这件事也不应该给予负面评价。

・产生负面情绪时。如果孩子哭泣，不要马上制止他哭泣，这不是接纳，而是不接纳。应该告诉孩子："我看到你哭了，有

什么难过的事情吗?"我们接纳的,应该是行为背后的原因,或者说是情绪。

■ 避免"自毁式"应对策略

自毁式应对策略	可能付出的代价
花大量时间去想过去的痛苦、错误和问题	错过眼前的好事而追悔莫及,沉溺在沮丧的情绪里
担心将来可能出现的痛苦、错误和问题而焦虑不安	错过眼前的好事,为未来感到焦虑
为了躲避痛苦而远离人群	独处太久,结果更加抑郁
将痛苦的情绪转嫁给别人	失去朋友、亲人,大家都回避你,结果感到孤独、自责
做出危险的行为,比如抓扯自己,弄伤自己	伤口感染,毁容,致残,心里感到羞耻、愤怒

■ 预防痛苦情绪来临的小妙招

·不做消极的假设(如:"不可能赢,不仅输定了,还会输得很惨!"),对事情的结果可以有估计,但没到最后,就不要过多地消极假设,这样会影响做事的情绪和信心。

·找到可能的成就感作为支撑(如:"这件事情都能做好,别人肯定对我刮目相看。"),适当点燃自己的激情,可以尝试用假象的成就感作为自己的动力(假设战胜对方)。

・学会换个角度看待问题。学会调整情绪、点燃激情，可以从不同角度看待问题（如不好的事情也会有好的一面）。

・懂得做个乐观主义者（如："这门功课是我的弱项，能考成这样，我觉得自己非常了不起。"），不是盲目自信，而是多往好的方面想，让自己有更多自信和动力。

（2）行为应对方式

暂时忘掉烦恼，给自己时间找到恰当的回应方式。

■ 分散注意力

・将注意力转移到其他人身上；

・用学习和杂事来转移注意力；

・用数数来转移注意力；

・制订转移注意力的计划。

■ 自我鼓励与自我安慰

・调动嗅觉的自我抚慰。嗅觉是一种强有力的、能开启人记忆开关的知觉。识别让你感觉愉悦的气味。如：在屋子里点上香烛或香熏，洒点喜欢的香水，去面包房或餐厅这种有香味的地方，躺在草地上闻闻草的气息，买些喜欢的鲜花等。

・调动视觉的自我抚慰。视觉主要由人脑中的枕叶控制，常去观赏能促进自己释放多巴胺的美好事物。如：在书店找一本让自己放松的画册，画一幅自得其乐的画等。

·调动听觉的自我抚慰。某些声音能抚慰我们的紧张情绪，让人放松。如：听舒缓的音乐，收听轻松的谈话节目，打开窗户听自然之声，听溪水的响声等。

·调动味觉的自我抚慰。舌头上不同的味蕾分布区可用来区分食物的不同味道，味觉可以触发记忆和情感。如：吃最爱的饭菜，吃点冰淇淋、巧克力等能让自己放松的食物，喝点奶茶、咖啡等自己喜欢的饮品。

·调动触觉的自我抚慰。人体的皮肤布满了可以传输感觉的神经，某些触感是令人愉快的。如：洗个热水澡，泡个泡泡浴，做做按摩，逗逗宠物，穿舒适的衣服等。

（3）建立新的应对策略

为将来建立新的应对策略。审视过去的痛苦经历，认清应对方式和坏的结果，探索新的可以采取的策略，反复练习，使之成为常用的应对策略。

「第二板块 ♡ 解压」

♡ 第九章 ♡
孩子的快乐别丢失
青春期小情绪的应对

文 / 罗宇鹏

> 孩子的快乐很珍贵，青春期的快乐更是一种奢侈品，需要你默默陪伴、小心保护。如果孩子在青春期有了小情绪，丢失了快乐，请温柔地陪他一同找回。

我国精神卫生工作面临着巨大的挑战，精神疾病负担约占我国疾病总负担的20%，排名已居首位。近年来，儿童青少年的情绪问题愈加严重，首发发病年龄从16—25岁下降到8—9岁，尤以厌学情绪为主。情绪问题的低龄化对家庭、社会都是不小的挑战，如何从各个维度预防、应对、支持，成为社会关注的重点。

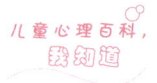

案例

小刚放弃高考

小刚，男，17岁，高三学生。小刚就读于成都一所名校，平均综合排名位居年级前十。在旁人看来，他是个很优秀的学霸，但他清楚自己缺乏继续学习的动力。他整天闷闷不乐，焦虑程度非常高，认为自己怎么努力都无法达到父亲的期望。于是在高考的第二天他放弃了考试，来到心理咨询门诊就医。面对儿子的异常行为，父亲焦躁的同时也没能觉察出他内心的痛苦，反而斥责道："儿子，你遇上了人生的第一次困难就这样绝望，就这样自暴自弃，那么今后社会上还有更多的困难，你该如何去克服？你是男人就要懂得面对啊！"自此以后，小刚再也没有自己来过门诊，都是家长代述病情。

成绩这么好的一个学生，以他的成绩考上大学完全不是问题，但为什么没有坚持到高考最后一天？我们可以从心理学的角度，科学地分析与理解孩子的行为，并给予其有效的帮助。

一、是什么导致儿童青少年出现 情绪问题 ？

（1）家庭因素

比较焦虑的家长，总是期望自己的孩子更好，压在孩子身上的压力相对而言更大，如果孩子达不到要求，持续的焦虑情绪将一直存在。这时候家长就要问问自己，是要一个成绩中等，但是身心健康的孩子；还是要一个成绩优秀，但是有抑郁症或者焦虑症的孩子？很多家长都会选择前者。但在现实生活中，他们还是会过度批评孩子。父母都是普通人，只有极少数父母能够认识到，自己的孩子也是个普通人。更多的父母认为自己的孩子是天才，不同于其他同龄人，所以他们对孩子有过高的期望值。另外，家长经常将自己的孩子和"别人家的孩子"过度比较，给孩子留下"我不够好，爸妈对我不满意"的印象，由此恶性循环，孩子的压力会越来越大，他甚至会出现厌恶学习的情绪。同时，父母往往处于一个上有老、下有小的中年期，工作压力比较大，在亲子关系中父母很痛苦，孩子也很痛苦，父母在"管与不管、管到哪一步"之间很难找到一个平衡点。

家庭中，夫妻关系也会影响孩子的情绪。如果夫妻双方感情不好，经常吵闹，家庭氛围紧张，可能会导致儿童青少年出现情

绪症状,甚至不能正常上学。这时,很多夫妻会暂时放下矛盾,转向处理孩子的情绪问题,家庭关系虽得到了缓解和好转,但对这个孩子而言,他这个病人的角色能够把家庭维系住,会让他觉得此举产生了积极的意义,这称为"因病获益",这反而会让他的情绪问题变得更难以处理。因此要及时发现并处理儿童青少年情绪问题中的家庭关系问题。

(2)生物学因素

情绪障碍的发生离不开生物学因素。有些孩子的情绪问题是不明原因的,家庭氛围比较好,也没有先天遗传疾病或缺陷,但孩子的确出现了不明原因或者叫生物学因素的情绪障碍。面对生物学因素导致厌学的孩子,父母的努力付出往往得不到回应。孩子的情绪问题经常伴随着学习成绩不理想的状况。当孩子的成绩不尽人意时,家长也要考虑自己当初的成绩如何。另外,孩子突然出现厌学、成绩下降等问题,可能与一些意外疾病有关,如脑炎、受伤或者其他躯体疾病影响了学习能力。如果孩子存在大脑发育缺陷的情况,比如多动症、抽动症、孤独症等对智力水平发育有影响的疾病,孩子的学习成绩也不会太好。应因材施教,找到合适的外在学习环境,降低期望值。

(3)自我状态因素

孩子的情感体验主要受到自我评价、自我感受的影响。就像很多成年人回顾高三时，明明体能上很辛苦，但是当时并不觉得有多痛苦，因为学习的过程是在一次次地解决问题，能获得正反馈的自我评价，也就是愉快感的奖赏。儿童青少年正是塑造人格、性格的关键阶段，因此鼓励教育必不可少，尤其是相较于挫折教育而言。正面积极的自我评价能够促使孩子调整到最好的学习状态，也会让孩子在学习之外的其他方面做得更好。前述案例中的小刚不敢去参加高考，就是因为他对自己要求过高，现实和理想中的自己差距较大，在考试中特别焦虑，怕自己做错题而反复检查，导致有时候一道题要做几十分钟，最后能做出的题越来越少。所以过度担心自己考不好的结果就是真的考不好，并越来越不好，而且他也无法从家长那里获得正面反馈，从而越来越焦虑，直到不能参加考试。

(4)环境因素

儿童青少年的情绪也受环境的影响。家长都希望孩子到一个更好的学校或更好的班级学习，能和最优秀的同学在一个班里。如果孩子达不到相应的水平，家长却利用自己的关系或一些资源，甚至花钱让孩子进入这样的环境，这个孩子往往很痛苦。因

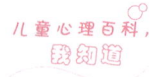

为在这个环境里,大家都很优秀,孩子找不到存在感。另外一种情况是在小学或初中成绩很好的孩子,到了一个更优秀的环境,成绩排名没有原来那么理想,这种落差带给孩子的冲击和挫败感也很大。

再者,中学生的人际关系也是一个很重要的影响因素。这一代青少年中,独生子女相对比较多,在家无法获得与同龄人的相处经验,因此与同学、朋友的交流尤为关键。有不少孩子每天为人际关系紧张感到痛苦,这时家长应教会孩子问问自己:"你的人际关系重不重要?这件事情值不值得改变?如果要去改变,有哪些可以改变的方式,然后该怎样去做呢?"并且要教会孩子自己去检验人际关系。有的时候越担心人际交往,就越容易出现偏差,影响情绪状态。

(5)社会因素

现代社会越来越发达,分工越来越精细,读书已变成了一个基本的要求,并且大家都希望孩子的成绩越来越好。古代社会的精神疾病发病率比较低,其中一个原因就是人们有更多的发展模式,比如一个人读书不行,他可以放牛,可以种地,可以做工匠,但是对我们当下而言,已经很少有父母能够接受自己的孩子从事体力工作。正是这种更窄的发展方向,也让孩子的预期出口变得狭窄了一些，大家都在挤读书的独木桥，但不是每一个孩子都能够做到成绩很好，这就造成成绩差的孩子受到更大压力。因此对现在的整体社会而言，对下一代的要求真的变高了，所以这种不良情绪的发病率也确实提高了。

二、面对儿童青少年的情绪问题，家长该如何引导缓解？

（1）家庭关系和谐

首先，心理健康的起跑线，就是一个和睦的家庭关系。父母关系、夫妻关系都会影响到父母和孩子的互动。因为我们的孩子是在"家庭"里成长的，这个家庭能不能给他安全感，能不能让他在家里好好学习，能不能让他学会怎样和自己、他人相处，都与家庭氛围有关。所以，这也强调了家庭的和睦对孩子的影响。常见的家庭关系是一个"三角"关系：父亲、母亲、子女，这种关系往往是稳定的。如果缺了其中一环，就变成两个人的关系。比如说一个家里缺了母亲，就变成父子关系了；缺了父亲，就只有母子关系。当家庭"三角"关系变成了两点之间的关系，这种关系往往会变得过于紧密，有的时候过于紧密的关系会起到反作

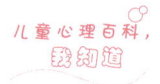

用,会让这种关系的稳定性和协调性都受到影响。

(2)成员各司其职

每个人都应该努力做好自己该做的事情,而非做自己想做的事情。我们每个人想做的事情是不固定的,在不同的阶段是不一样的,而做社会认为该做的事情,才会带来成就感。比如家长应该教育孩子:读书是眼前该做的事情,至少在义务教育阶段,读书是一个底线,至于结果怎么样,那是另外一回事。

从这个问题延伸,比如孩子做作业时为什么总是拖延?其实很多拖延症,与父母的关系很大。有的父母觉得孩子一直来缠着自己比较烦，等孩子做完作业之后，又觉得孩子无所事事，或者见不得孩子去看电视、玩手机，就会给孩子再布置点作业。于是孩子感觉到，早点把作业做完不会带来什么好处，反而做慢一点，对自己是一件好事情。或者有的孩子好好做了作业，父母并不会陪伴他，而是在一边看手机、看电视，所以孩子觉得如果不做作业，父母就会来陪伴自己一起做。孩子拖拖拉拉地做作业，大人拖拖拉拉地陪他，这样就会让拖延症加重。

（3）不包办孩子的事情

父母不要越位，不要过度焦虑。有的心理学家甚至认为，一个人到了5岁，他的性格就已经基本成型，并足以影响到他这一生。如果父母为孩子包办太多，否定或者指责太多，对孩子本身来说并不是一件有利的事情，这样的家庭被称为"高情感表达家庭"。像上述案例中的家长那样，看病都要帮孩子包办，在家里的状况可想而知。父母代办的东西太多，孩子很多时候就没有了自己的体验和感受，既没有成就感，也没有挫败感，这对他的成长并不是一件好事。所以我们不要去做一个高情感表达的父母，包括过度包办、过度否定、过分关注等。有时候，高情感表达还有一个代际传承的问题。有些"抑郁症家庭""强迫症家庭"，不光是基因上的遗传，还有家庭氛围和家庭处事方式上的传递。

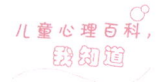

情绪不稳定的父母，在教育孩子看待问题的时候，往往也会把这种不稳定的、消极的思维传递给孩子；强迫症的父母，也会把这种做任何事都要反复检查的处置方式传递给孩子。

（4）给孩子成长的空间

要赋予孩子一定的自我空间、相对自由的空间，让他在一些问题上能够自己去思考，然后在允许的规则范围内进行探索，允许失败的发生，并能对失败进行探索。孩子进入新的学习环境时，家长需要做一些提前准备，告诉他：哪怕考倒数的名次也是正常的，他有时间慢慢适应新的环境；哪怕考试结果不是那么好，这个家庭也依然支持他，父母依然很爱他；每个人都有很多面，他也有很多闪光点，学习只是其中之一。其实有的时候，我们允许孩子可以做得差，孩子就更能够接纳自己，反而他会做得更好一些。比如可以说：你不需要用好的成绩来证明你行，偶尔考得不好是正常的，没有关系。

（5）确立明确的目标

父母要陪孩子树立一个明确的目标：你理想中的"好"是什么样子？并且要将其具体化，方便考核，如：为达到这个目标，要做哪些事情才能离这个目标更近？以前有没有类似的进步？这些进步能给自己带来哪些改变？当完成一个目标时，要给孩子适当鼓励，而不是告诉孩子，他哪些方面还不行，还不如谁，这就是一个错误奖励机制。很多时候，"唠叨"已经变成家长的一种抗焦虑的方式。但往往是，家长越唠叨，孩子越我行我素，这说明家庭内部存在无效沟通的问题。家长可以换种方式，一种办法是按"4:1或5:1的配比"教育孩子，即先找4件或5件他做得好的事情进行表扬，然后再去批评1件他做得不好的事情。另一种办法是，父母可以批评孩子，但每天只有一次机会，一定要珍惜。说了这一次之后，今天就没有指标再说了。父母会珍惜这个机会，孩子则会"偶尔"听到批评，反而更愿意接纳一些。

（6）站在孩子的角度沟通

孩子出现的一些症状都有哪些意义，这是我们要了解的。比如拒绝上学、割腕、咬手指。首先，沟通要在同一个层面进行。父母需要激发自己共情的能力，能够站在孩子的角度来思考这个问题，以及站在孩子的角度来一起讨论怎么解决这个问题。其次，我们也要发现孩子身上有哪些能力，有哪些长处。有时候，父母跟孩子的沟通多以教育的口吻进行，没有注重孩子的感受。比如上述案例中那个高中生的父亲，假如那个时候，父亲换一种方式告诉孩子："其实我真的觉得你蛮难的，你已经很努力了。

你现在也可以休息一下。"那么，孩子听到这些能够理解他的话，或许反而觉得自己可以再努力一下。

（7）培养孩子的自信心

孩子在意老师的评价，在意同学对自己的态度，其实都是一种不自信的表现。不管是在学习方面还是课外活动方面，我们都应该培养孩子在某方面的特长，提高他的自信心。在当下，孩子可能语文比较好，可能数学比较好，也可能是运动方面，如：打篮球比较好，总之孩子有一方面是突出的，就能够找到自信。家长也要有意识地去培养孩子的这种自信心。每一个孩子都是不一样的，其心理、认知、智商指数有高低之分，家长应以"差异性态度"来培养孩子的自信心。

三、家长与孩子如何 共同面对 青春期的其他困扰？

（1）调整失眠

我们人类有一些与生俱来的能力，比如吃饭、睡觉、学习等。为什么这些能力会受到破坏？拿睡觉来举例子。比如现在说到"睡眠障碍",大家都觉得好像身边很多人有失眠问题,对不对?但你看一个婴儿是不用任何人教的,他生下来就会睡觉。那有些人为什么会出现睡眠障碍?睡眠障碍往往是因偶然发生的焦虑导致的,比如说白天兴奋了,或者是第二天有重要的事情要做,开始出现第一次失眠。之后为什么失眠能够持续存在或者加重?那是因为在第二天睡眠的时候,焦虑情绪又在干扰主动睡眠过程。很多人第一次失眠之后,第二天会想:"糟了,我昨天晚上为什么失眠?如果今天晚上再失眠,我的问题就严重了,我是不是就有病了?我是不是需要去看看医生?所以今天晚上我一定要睡着,千万不要让自己又睡不着。"于是焦虑紧张又导致了这种失眠状况的再次发生,把我们的本能给破坏掉了。所以,在治疗失眠时,认知行为治疗是有效的,医生通过健康教育,改变患者的认知模式,让患者不要对睡眠焦虑。其实人类是很聪明的,如果不去用你的焦虑来调整失眠问题,而是直面问题,失眠就会得到解决。

(2)消除网瘾

玩手机游戏已成为目前很重要青少年的问题。家长和孩子在这一问题上总是对立的关系。其实对于这个问题,可以换个角度理解。比如说,父母来反映这孩子有网瘾,孩子却说:"我没有

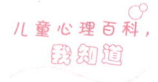

网瘾,我只是跟他们沟通困难,我回到家只想玩游戏,不想跟他们玩。"遇到这种情况,我们怎么解决呢?这时我们需要将游戏变成一种奖赏。当父母和孩子达成共识,在保质保量做完作业、完成家务后,玩游戏是完全没问题的。其次,我们需要聚焦不玩游戏孩子能做什么?家长应找到当下孩子能积极参与的事情,不用彻底消除玩手机的习惯,也能够继续前行。

(3) 获益行为

因病获益有的时候也能解决青少年的心理冲突。比如那些刚上初一、高一的学生,以前成绩很好,到了一个新的环境,成绩却不如以前了,生病对他来说是一个合理化的解释。家长要警惕的是孩子的病人角色强化。假如说病人的角色比正常人的舒服,谁还愿意当一个正常人?没有生病时,家里天天让他补课、学习;当病人之后衣食无忧,每天都吃好喝好,动不动就去旅游,没有什么压力。原来让孩子负荷不起的学习生活,如不能睡懒觉、高强度考试、成绩下滑等等,他都抗拒。与之相反的是,他非常享受现在疾病中父母对他这么好的一种状态,每天嘘寒问暖,说话也特别客气小心,不像生病之前那样呼来喝去。这让孩子意识到,生病就可以得到这些好处,他只要维持这个状态,也可以心安理得地得到。所以家长需要确认,孩子的逃避行为到底是否为疾病状态。休学是否必要，也值得思考。一方面，休学可以让孩子暂时缓解焦虑；但另一方面，这样会降低孩子的环境适应性和应对能力。所以说，最核心的问题不是休学可以解决的。

（4）小偷小摸

孩子习惯性拿老师和同学的东西该如何解决呢？例如，一个十几岁的小男孩，习惯性偷拿别人的东西，但每次都不是什么贵重的东西，而是拿一些不值钱的东西。他做的这些行为，其实是在吸引大人的关注。他可能没有正常的渠道和家长进行交流，比如说正常的家庭生活、正常愉快的互动。所以我们家长要思考一下，平时是不是在这方面对孩子心理需求关注得不够？从自我做出反思，冷静地对待孩子的错误，和他共同分析问题所在，一步步做出改变。

（5）躯体症状

躯体症状往往在我们难以面对某些痛苦时悄然出现，这背后，其实有着心理学上的"防御机制"在起作用。就像孩子会说"因为身体不舒服，所以我就不能上学"，身体不适成了一个看似合理的借口。对于家长而言，不要轻易打破孩子的这种理由表象，应体察躯体症状背后可能隐藏的问题，是不是孩子对自我

的评价过低而丧失了信心？抑或是在学习上遭遇了困难，又或者是孩子给自己设定了过高的期望值？如果是自身实力不足导致的压力，进而引发躯体症状，那就要引导孩子学会接纳；若是状态不佳等问题所致，那就需要积极地去调整，通过化解躯体症状背后的危机，帮助孩子健康成长。

（6）被孤立感

在孩子面对霸凌或人际冲突时，家长是孩子最坚强的支柱，那么，了解情况永远是第一步。当把情况了解清楚以后，第二步就是给予孩子心理和情绪上的支持，疏解他的难过与孤独。第三步才是和孩子讨论，为什么会出现这种情况呢？了解平时在学校里孩子和他人是怎么去互动的。

例如在家里他是不是没有太多的自主权，遇到一些他不愿意去做的事情时，有被强迫去做的经历。霸凌他人的孩子，他们中很多人都有在其他场合被霸凌的经历。他可能在自己家里是一个被霸凌的对象，霸凌他的人是他的父母、爷爷、奶奶、表哥、表姐等。被霸凌的孩子、显得软弱的孩子、被选中当作靶子的孩子，也有在生活中显得比较软弱的时候。

家长要了解原因，最后和孩子一起讨论应对策略。不要太着急地去教孩子怎样处理，简单粗暴地把成年人处理问题的一些方

「第二板块 · 解压」

法扔给他,他未必接得住。所以要跟孩子去讨论,引导他自己思考这个问题该怎么解决?哪怕你觉得他的处理方式不太好,只要没有太高的危险性,都可以让他去试一试,如果不成功,再想想其他办法。这样子一来二去,总会找出一些有效的处理方式。在大人的世界里,有很多简单的办法,但是我们不要太着急告诉孩子,而是要做到这四条:一是了解情况,二是处理情绪,三是讨论状况,四是讨论应对策略。不管遇到的是人际关系方面的问题,还是情感问题、学业困难,都是这些步骤,过程性的处理非常重要。

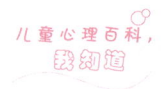

第十章

孩子受伤要庇护

亲子关系中的常见问题

文 / 司徒明镜

> 在孩子成长的每个阶段,他们都可能遭遇困难或受伤,因此需要你的温暖庇护。不过,只有建立良好的亲子关系,孩子才能在遇到困难的关键时刻,主动向你伸出求援之手。

儿童青少年阶段是孩子身心发展的重要时期。从幼儿期到青春期,孩子需要不断适应外界及自身的各种变化,逐步探索及提高自我。但是在这期间,他们的情绪及自我行为管控等能力的发展还未成熟,孩子虽越来越渴望表达自我、独立自主,但心理又容易受到各种干扰,时常感觉困惑、纠结、痛苦……

孩子该如何缓解这些不良情绪?如何进一步学习分析解决各种困难的方法?这个过程离不开成人的引导。家庭作为孩子最主要的生活环境,除了为他们提供衣食住行的保障,也需要提供温暖的庇护。家长需要用爱心、耐心来包容孩子的不成熟，帮助他们按照恰当的节奏逐步认识自我、发展自我、适应不同的环境，并且当孩子在探索过程中"受伤"时，为他们提供心理疗愈的场所，让孩子愿意安心地在其中舒缓痛苦、补充能量，能够再次勇敢尝试。

但在现实中，有的家庭却在无意中成了孩子痛苦的来源之一，让孩子避之不及，更不要谈让孩子主动将自己的伤口、弱点暴露出来寻求帮助了。他们本能地倾向于将自己层层"包裹"起来，试图独立解决问题，但是受其能力的限制，往往导致他们遭遇更多的挫折，感受更多的不良情绪。日积月累、循环往复中，当父母惊觉孩子的变化时，往往亲子矛盾已经难以轻易调和。这时，一旦父母采取行动试图进行管束又不得章法，孩子内心累积的各种委屈、苦闷就会集中爆发，引起与父母之间强烈的亲子冲突。亲子问题似一团乱麻，剪不断理还乱，长此以往，父母的精力逐渐耗竭，孩子也将自己的伤口越裹越紧，像刺猬一样时刻武装自己，最终双方两败俱伤，孩子也错失了成长的机会。

小美的失落

小美,女,13岁。最近,小美与唯一的朋友闹僵了,在学校里,她感觉很压抑,上课老是走神,放学回家对父母爱理不理,一听到他们说话就烦躁,只有躲在房间独自玩游戏时,能够稍微开心一些。因此,小美常常玩到很晚才入睡,白天精神不好,学习状态更差了。

老师发现了小美的变化并告诉了她的父母。小美的父母本来就因为她最近总拿着手机不放、对父母态度不好而生气,经老师

一说，更觉得应该加强对小美的管教了。于是，小美的父母开始禁止小美锁房门、定时断网、没收手机，希望通过这些方式约束小美，让她把心思放回学习上。小美因此与父母爆发争执，但又拗不过他们，不能再靠手机打发时间。之后的她更加郁闷了，睡不着时，她常常想到过去与父母相处的点滴：父母长期工作繁忙，家人之间很少有机会聊天。以前小美受了委屈想要诉苦时，父母总说"哭什么哭""这是小事""你也有错"之类的话，慢慢地，小美遇到困难就不愿再向父母求助了。父母对小美的要求一直很严格，以批评教育为主，平时常拿她和别的同龄人比较，说她不如别人，小美经常觉得很压抑……如今心情不好时再想到这些，小美对父母更加气愤、失望了。

华西医生对您说

在小美的经历中，其实可以看到亲子相处中的许多典型问题。它们日积月累，在损害亲子关系时，可能当事人还不自知，也不清楚如何调整，最终导致孩子与家长在心理上越来越疏离，孩子遇到困难时，最重要的一扇求助之门被逐渐关闭。由于孩子的特殊性，成年人应该率先承担起改善亲子关系的重担，重新审视亲子问题并积极调整，才能在孩子遇到困难的关键时刻提供恰当的帮助。

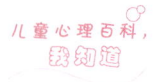

一、亲子关系中的 常见问题

（1）对亲子关系的认识及维护能力不足

在传统文化背景下，家长往往难以跳脱自身角色去换位思考，去体会亲子相处中孩子的感受。家长很少有意识地观察自己的态度、言行对孩子的影响，忽略了通过孩子的反馈及时调整亲子相处的方式方法，没有认识到维护良好亲子关系的重要性。同时，孩子受到年龄的限制，他们的思考、表达能力本身就需要锻炼，从其自身角度很难一开始就准确地让家长理解自己的感受及想法，加上家长有意无意地忽略，导致亲子相处中家长像"盲人摸象"一样处于尴尬的状况。比如小美的父母对已经恶化的亲子关系一无所知，当小美遇到困难后，只看到了她沉迷手机、对家长态度恶劣、厌学这些表象，对这些问题背后的原因却一无所知。最后，明知小美需要帮助，父母却空有满腔热情而无处施展，反而起到了负面的影响。因此，上述案例提示家长，家长首先要重视维护亲子关系，把孩子看成自己的"镜子"，细心观察，看懂孩子的反馈并及时调整教育方式，为孩子营造充满关爱、信任、支持、认可、尊重的家庭氛围。

亲子沟通是维护亲子关系的关键途径，即使部分家长有意识地主动取掉了"眼罩",沟通能力不足也可能导致他们词不达意、逻辑混乱、效率低下,甚至总翻旧账、对孩子进行"人身攻击"等,严重影响孩子的感受。因此,家长还应该重视提高沟通表达的能力,亲子交流尽量准确高效、突出重点、思路清晰,态度、言语让孩子感觉到舒适、受听,避免沟通内容受到家长自身焦虑、愤怒等不良情绪干扰,同时还应注意选择适当的时间、地点,保护孩子的隐私。

此外,良好的亲子关系依赖于整体的沟通质量,并非由一两次的情况好坏所决定。因此,家长也不必为了个别状况耿耿于怀、过于紧张,只要能有意识地花足够的时间、精力去耐心维护亲子关系,提高亲子相处的平均质量,就能最大化地保障与孩子之间的亲密度,提高家庭共同应对困难的能力。

(2)对孩子"问题"的分析、应对能力不足

在亲子相处中,帮助孩子解决"问题"是家长的重要任务。出于对孩子的爱护以及"望子成龙、望女成凤"的心态,家长往往急切地渴望提供帮助,让孩子少走弯路、少吃亏,但是受家长能力的限制,家长可能还没有真正弄清孩子的"问题"所在,就抢先付诸行动,忽视了孩子真正的需求(如被关注,被倾听、被认可、寻求抚慰等)和困难,或者忙中出错,采取了不恰当的方

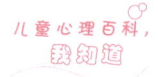

法。如上述案例中,小美的父母急于通过责骂、约束限制等简单粗暴的方式纠正小美的不当行为,没有认识到问题表象背后的关键原因(小美的人际关系、负性情绪问题等)。在双方情绪化的互动中,小美的困难像滚雪球一样越来越严重和复杂,最终形成恶性循环,偏离了父母的初心。

因此,发现孩子的异常变化后,父母越希望帮助孩子,越应该先让自己冷静下来,第一时间和孩子一起梳理、分析,找到原发问题和继发问题、主要问题和次要问题,以及这些问题是否需要紧急处理。通常建议家长首先引导孩子处理紧急的问题(如小美的负性情绪、作息规律),因为这类问题如不尽快处理,可能导致其他问题无法解决或者进展恶化;然后是次紧急的问题(如小美的人际关系、学习状态、亲子关系),这类问题通常是造成孩子负性情绪的原因;最后再处理相对不那么紧急的问题(如小美的不良习惯),这类问题通常不会造成孩子的痛苦,只会引起家长的焦虑,甚至当前述问题改善后,这类问题可以自然解决,不必再费心力。家长在应对过程中,应尽量做到分门别类、主次分明,切忌眉毛胡子一把抓、本末倒置,同时应主动让孩子参与其中,这样除了可以更快速、有效地解决问题,更重要的是可以给孩子提供"解题模板"及练习机会,提升他们解决问题的能力。

另外,在亲子相处中,孩子各方面的能力及资源有限,处于劣势,家长容易"既当裁判员又当运动员",将自身价值观掺杂进对孩子的评判中,无中生有或者夸大了孩子的问题。比如小美父母常常评价她不如别人、受的委屈很小不值得难过等等,虽然目的是希望孩子提升能力、振作精神,但仅从个人观点出发得出的评价,无视了小美的感受和个人的实际情况,也同样破坏了他们之间的亲子关系。因此,父母在分析孩子的问题时,还需更加客观、公平、公正,在了解孩子个人特点的基础上得出更准确的结论。对孩子问题的分析及应对思路见下表:

孩子问题的种类	分析	应对
真有问题	孩子明确存在偏离正常生活轨迹的情况,持续了足够长的时间,同时造成不良后果	早期发现,早期进行科学干预,必要时寻求专业帮助
疑似问题	孩子可能存在偏离正常生活轨迹的情况,时间尚短,或者还没有造成不良影响	早重视,明确个体化的正常范围;动态观察孩子的异常表现、持续时间、严重程度,灵活、合理应对,避免恶化

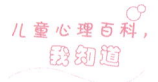

| 没有问题 | 孩子没有问题,是"裁判"及评判标准的问题 | 重新审视判断标准是否合理(如不公正地比较),排除干扰因素(如家长的不良情绪),预防孩子真的出现问题 |

二、给家长的几点建议

(1) 重视孩子适应能力的培养

重视孩子社会适应能力的培养,引导孩子学习情绪和行为管理、人际交往、压力应对、社会规则适应等,避免仅仅关注孩子的学习成绩以及是否"听话"。

(2) 顺应孩子的成长需求

审视对孩子的要求是否合情合理,是否顺应孩子成长中对于获得"平等、独立"的心理需求。在要求孩子遵守规则时,不要忘记共同参与、言行一致,给孩子良好的示范以及公平的感受,同时适当放手,给孩子机会尝试自我管理。

（3）客观、准确地进行评价

在孩子认知自我的过程中，做好他们的"镜子"，客观、准确地进行评价，避免对其优、缺点进行扭曲变形的评价，引导孩子在清晰认识自我的同时能肯定自我、培养自信。

（4）探索个性化的亲子关系模式

在教育孩子的过程中不断学习、开拓思路，丰富养育技巧，同时根据孩子的实际情况灵活调整、探索个性化的亲子关系模式，避免极端化、单一化、刻板化地应对问题。

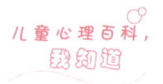

（5）尊重和相信孩子

良好的亲子关系就像一段美好的双人舞，其编排和维护需要亲子双方在日常生活中不断地磨合、调整、相互适应。家长在做好分内任务的同时，应该尊重孩子，允许他们学习如何跳好这段舞蹈，哪怕孩子暂时容易出错甚至受伤，只要有家长的耐心引导和支持关爱，相信他们一定可以不断拓展舞台，在不久的将来跳出属于自己的绚丽舞步！

第十一章

孩子在"网中"如何解

儿童青少年游戏成瘾的识别及应对

文 / 朱鸿儒、龚 尧

> 当你觉察到孩子开始花时间在网络游戏上时,你应该思考一下,或许你的孩子正处于"危险"之中,他在发出求救的信号,他需要你的爱和帮助。

随着经济的发展和信息化水平的不断提高,电子游戏快速地走进人们的生活,特别是受到青少年人群的喜爱。但与此同时,"游戏成瘾"现象逐渐受到青少年家长、教育工作者以及政府部门的高度重视。近些年,一些流行病学调查发现,游戏成瘾的患病率不容小觑,并且患者可能出现功能失调的症状,对学习、生活和社交造成严重的不利影响。世界卫生组织(WHO)在最新的国际疾病分类(ICD-11)中也提出了游戏障碍(Gaming Disorder,GD)这一概念,已作为成瘾行为被纳入精神障碍的分类系统之中。因而，我们在此探讨一下游戏成瘾的识别以及应对办法。

沉默的男孩

一位母亲带着孩子来到诊室。母亲四十余岁，打扮虽比较精致，脸上却写满了焦虑与困惑。孩子是一个15岁的男孩，穿着比较随意，低着头默默不语，一进门听任母亲的吩咐："你坐这边，跟医生打招呼，把头抬起来。"医生问孩子："请问有什么样的问题想得到帮助呢？"孩子沉默不语。母亲忙对孩子说："你倒是说话啊！"孩子惊慌中忙说"也没什么"，然后依然沉默。母亲此时焦急又恼怒，抢着说："医生，是这样的，他现在不去上学了，每天也不出门，就关在房间里面玩游戏，凌晨四五点才睡觉，下午一两点才起床，起来后又是玩游戏。他现在也不想去学校，也不出去跟人交往，你看怎么办啊！"话音那头，孩子的头埋得更低了，持续沉默。

华西医生对您说

与上述案例类似的场景，每个月都在心理诊室发生。家长总觉得搞不懂孩子怎么会离不开游戏了，明明生活节奏紊乱了，学习也受影响了，但是怎么说孩子也不听，甚至他还会离家出走，反复用东西伤害自己。当医生或者心理咨询师单独面对孩子时，孩子往往反映自己情绪很差，高兴不起来，觉得烦躁、自卑，不想社交，学习也困难，唯有玩游戏的时候心里是平静的，能体验到快乐的感觉。

一、游戏成瘾的本质

每个儿童都有一些基本需要，这些基本需要包括爱、温暖、

安全的需要、被触摸、被认可、被赞赏、被尊重、被满足的需要。如果这些需要未被充分满足，就会导致孩子产生各种各样的想法，去弥补这些缺失。长此以往，便容易使孩子滋生出各种各样偏离常态的行为。

实际上，由于各种各样的原因，儿童常常成长在缺乏这些"基本需求"元素的环境中。家长不愿意或没有能力去满足儿童的需求，或者儿童因为各种各样的内在原因无法感受到"需求"的达成。常见的原因是家长面临社会或家庭的压力，忙于工作，或者疲于处理个人的情感关系，而缺乏时间和精力去满足儿童的这些需求。于是他们通常用一定的物资给予，让自己觉得是"尽责"的，是"安心"的，而容易忽视孩子的成长速度和对情感的需求。

儿童并不具备抗拒满足需求的欲望，不具备分辨健康和不健康的满足需求的心理韧性。当健康的需求未被充分满足时，其他的诱惑物便会缠上这些充满渴望的孩子，占领、扭曲他们真实的需要，这是最为危险的。

成瘾行为其实是孩子的一种求救方式，当他们关于爱、温暖、陪伴、安全等需求得不到满足的时候，游戏就会成为他们很好的选择。游戏可以让他们避开现实的烦恼，躲避父母的唠叨。在游戏中，他们可以体会掌控的快感，可以获取胜利的喜悦，甚至可以交到"真心的朋友"。那么,当你觉察到你的孩子开始花时间在游戏上的时候,你应该思考一下,或许你的孩子正处于危险之中,他在求救,他需要你的帮助和爱。

二、游戏成瘾形成的环境

对孩子影响最大的两个环境,一个是家庭,另一个是学校,任何一个出了问题,都可能对孩子造成严重的后果。

原生家庭对孩子的影响是巨大的。父母的关系不良、未起到模范作用、不当的教育方式、沟通的缺乏等,都可能把孩子送上游戏成瘾的道路。我们在诊室会遇到很多游戏成瘾的孩子,他们与父母的关系大多是不良的,或者是父亲的角色缺失,或者是母亲焦虑,或者是父母离异孩子只能跟着老人生活。可怜的孩子,只能在游戏中找到一丝慰藉。在游戏中,孩子可以找到陪伴,可以体验到被认可、成就感、友情、模糊的爱。一些家庭中,父母本身就是重度游戏爱好者,那么通过模仿,增加了孩子游戏成瘾的风险。

有着传统中国式教育思维的父母,在很多时候可能更关注孩子的学习成绩、有没有吃好、有没有穿暖,当孩子出了状况的时

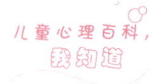

候,他们反而不解地说:"我们给孩子争取了最好的资源,要什么买什么,为什么他还不满足,为什么他始终不懂事?"反过来,孩子觉得自己的需求不能被认同,尝试性流露真实感受容易遭到家长的训斥或者反驳,孩子又会产生负罪感,或者是愤怒及委屈的感受。亲子间的沟通逐渐产生了越来越多的问题,沟通的缺乏往往让亲子关系越走越远。孩子不愿意告诉父母自己的需求,他们认为"就算我告诉他们又能怎么样呢,他们只想让我好好学习,给我讲道理,而看不到我的无奈与努力挣扎"。而当父母意识到问题出现时,已经不知道该怎么跟孩子沟通了。当医生在诊室告诉家长"你或许应该去了解一下,孩子从手机游戏里面能获得什么",家长的回答是"我不知道他的手机密码",这让医生哭笑不得。

学校是孩子们的小型社会,在这片天地里,对归属感的追寻、身份认同的需求、挑战权威的冲动、面临应激时的反应、责任感的养成、独立性的培养,以及同伴影响等诸多因素,都可能成为游戏成瘾的诱因。若一个孩子在学校被定义为"差生"或者"坏孩子",那么这种挫折感可能会直接导致孩子网络游戏成瘾,也可能通过逃避动机、沉浸体验,间接导致孩子网络游戏成瘾。老师在学校里无疑是权威的代表,所有的孩子都被教育"在学校里应该听老师的"。那么,当孩子处于青春期叛逆的时候,他们可能会觉得在电子游戏中可以实现对权威的挑战。孩子们在学校里的人际关系也是孩子网络游戏成瘾与否的重要因素。独处、无聊、人际关系不良等已被证实了与游戏成瘾的相关性，而同伴也可以对孩子产生较大的影响，若孩子同伴关系里网络游戏的玩家比例越高，其游戏成瘾程度也会越高。

三、如何界定游戏成瘾？

经常有家长问："我的孩子总是玩游戏，是不是游戏上瘾了？"那么怎么界定一个孩子是不是游戏成瘾呢？其基本（必要）特征为：持续的或者反复出现的游戏行为模式，可以是以线上的为主（如因特网或是类似的电子平台）或是以线下的为主，都表现出以下特点：

一是对游戏行为的控制力受损，如：无法控制行为的发生、频率、强度、持续时间等。

二是游戏行为的优先级逐渐升高，先于其他的生活兴趣和日常活动。

三是尽管已经造成了负面结果，游戏行为仍然持续或是加剧。负面结果包括反复的人际关系破裂，对职业或者学业的影

响，对健康的负面影响。

如果这种行为模式持续或者反复发作时间超过一年，或是以上核心特征全都满足并且症状严重的，在更短的时间内导致了明显的压力或是个人、家庭、社会、教育、工作等重要领域受损的，我们也可以界定为游戏成瘾。

四、孩子为什么会沉迷游戏？

游戏成瘾主要基于生物学和社会心理因素。从生物学因素来讲，遗传或其他如个体发育和早期成长经历都可能是孩子沉迷游戏的风险点。那些早期有不良成长经历的孩子，出现应激反应、精神障碍以及成瘾行为的风险更高。社会心理因素在前面"游戏成瘾形成的环境"中已经提到，家庭和学校对孩子的影响，都可能是其沉迷游戏的诱因。孩子的一些个性特点，如冲动性强、缺乏自尊心和责任心、内向害羞、敏感多疑，更容易促使孩子沉迷游戏。

从心理需求（游戏动机）来讲，这些孩子通过游戏来社交（认识游戏中的朋友、与他人一起体验游戏的经历）、逃避（逃避现实困难和不好的情绪）、竞争（击败对手获得成就感）、应对（应对痛苦和提高情绪）、技能发展（提高协调、专注或其他能力）、幻想（在幻想世界中尝试新的身份或尝试在现实生活中无法完成的愿望）以及娱乐（通过游戏来放松），这无疑是一个快速且容易满足需求的方式，沉迷于此则造成了游戏成瘾。

五、玩游戏有 好处 吗？

2018年，我国国家体育总局发布了《关于举办2018年全国电子竞技公开赛的通知》，将《英雄联盟》《炉石传说》《星际争霸2》等游戏列入电子游戏比赛项目，并投入大量资金，这说明国家对电子游戏的认可。研究表明，有些游戏能够显著提升人的视觉能力和敏感度，而动作竞技类游戏可提高注意力和感觉运动的能力。未来，部分动作竞技类电子游戏将有机会作为一种相对方便、廉价的干预手段，去治疗一些存在认知功能损害的疾病，例如注意缺陷多动障碍、孤独症等。

总之，部分电子游戏可以提高孩子的协调能力和专注能力，亦可以改善大脑的认知功能。除此之外，孩子在游戏中可以体验到放松，满足社交的需求，并获得信息。不可否认，游戏有它的好处，当然，这些都是限于合理使用、不沉迷的前提下。

六、哪些孩子 更容易 受到不良游戏的影响？

是的，男孩出现游戏问题的概率比女孩高，也有研究认为，女孩不太容易出现问题性游戏障碍。从年龄上讲，13岁到20岁是游戏障碍发生的高峰期。孩子的大脑还处于发育未完成的状态，孩子不同脑区过度激活或部分脑区激活不足，都可能使得脑内的犒赏、控制以及认知功能不同，因而出现游戏成瘾的可能性是有差异的。

著名的"棉花糖实验"是斯坦福大学Walter Mischel博士1966年到1970年在幼儿园进行的一项心理学经典实验。在这个实验中，孩子们可以选择立刻得到一样奖励（棉花糖、曲奇饼、巧克力等），或者选择等待一段时间，实验者返回房间（通常为15分钟），便可得到相同的两样奖励。那些选择立刻得到奖励的孩子相比可以延迟满足的孩子，更缺乏自控力，往往更容易出现冲动、暴力以及成瘾等相关问题。

另外，有心理学家认为，一些孩子缺乏线下的游戏机会，则更容易沉迷于电子游戏，因为玩耍本来就是孩子的天性。"只学习不玩耍，聪明孩子也变傻"说明孩子本身也是需要游戏的。在电子产品问世之前，孩子们的游戏是丢沙包、打弹珠、跳房子、捉迷藏等，在这些游戏的过程中，孩子们锻炼了运动能力、协调能力、动手能力等，并且体验了快乐，收获了朋友。当这些活动逐渐缺失，孩子的心理需求得不到满足该怎么办？电子游戏的出现便填补了这一空缺。由于孩子的自控能力较差，他们受不良游戏的影响就更容易出现。如果孩子本身就有情绪问题（如焦虑、抑郁，或者注意缺陷多动障碍），以及发育障碍（如孤独症）等问题，那么出现游戏问题的危险性更高。

总的来说，具有冲动冒险特质、精神疾病基础及在前面提到的游戏动机的一些孩子更容易受到不良游戏的影响。

七、如果孩子已经游戏成瘾，该怎么办？

很多家长将电子游戏视为"洪水猛兽"，认为玩游戏是不被接受的，从而对孩子进行批判、指责和限制，而结果往往适得其反。孩子的手机、平板电脑被没收，有的甚至被摔毁，他们心中可能会产生敌意、愤怒、失望、悲伤的情绪。因为在他们看来，"朋友"被迫失联，快乐源泉被剥夺。一些孩子会被激怒、会反抗，而另外一些孩子则选择沉默，从此不愿再与家长交流。医生

在诊室经常会听到家长这样说:"医生,你知道吗?我的孩子病得很严重,当我把他的手机没收时,他差点想打我。"其实,往往在这种时候,孩子和家长都很无奈。

那么,当你的孩子对游戏上瘾时,到底应该怎么办呢?或许我们可以试着去了解,孩子在游戏中获得的是什么?是社交、自尊、对现实的逃避,抑或是单纯的放松?这样一来,我们便知道可以通过什么方式去替代孩子的游戏行为。比如孩子是内向害羞的,恰好在游戏中可以不用面对面地交谈而获得朋友,那家长可以尝试多与孩子沟通,并且创造一些在真实生活中交朋友的机会。如果孩子的游戏行为是为了逃避现实的困惑,那家长可以试着帮助孩子一起解决现实的困惑，并且找到生活的方向。如果孩子的游戏行为仅仅是为了放松，那么尝试带他寻求线下放松的方式，如听音乐、运动、旅行等。

如果以上方式都不能解决孩子的问题，且游戏行为严重影响到孩子的学习及生活，那就需要去成瘾门诊或者儿童心理门诊寻求专业的帮助。这些相关治疗机构目前可提供专业的评估及干预，评估主要包括对游戏成瘾的评估、诊断以及共病的识别。在流行病学调查中，患游戏成瘾共病的情感障碍、焦虑障碍、冲动及注意缺陷多动障碍的概率较高，故而进行专业的评估尤为重要。关于游戏成瘾的干预尚在探索之中，跨理论模型阐述了行为改变的五个重要的阶段：

前沉思期。此阶段孩子仍缺乏转变的意图，并未觉得游戏成瘾是个问题。

沉思期。此阶段孩子意识到了转变的重要性，觉得或许沉迷游戏不是一件好事。

准备期。此阶段孩子开始进行行为转变的计划，如计划减少游戏的时间等。

行动期。此阶段孩子正式采取行动，开始戒掉游戏。

维持期。此阶段孩子维持转变后的良好行为。

五个阶段呈现螺旋式上升趋势，同时也有可能回到最初的原

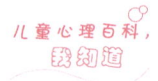

点。故而以增强戒断动机、纠正认知歪曲、进行行为管理训练作为社会心理干预的主要方法。目前认知行为治疗（CBT）已被确认是有效的干预方法，包括个体、团体、家庭治疗等。但目前暂无游戏成瘾的特效药，若合并情绪及行为问题，可选用抗抑郁药予以对症治疗。

「第二板块 解压」

第十二章

孩子的声音要倾听

儿童青少年抑郁的预防

文 / 陶庆兰

> 孩子在快速成长的青少年时期,内心的各种冲突会反复"较量"。这时,如果你能带着好奇去倾听,带着爱去陪伴,也许就能帮助他打开心扉、释放情绪,避开抑郁的危险泥淖。

心理健康蓝皮书——《中国国民心理健康发展报告(2019—2020)》显示,2020年青少年抑郁的检出率为24.6%,其中,轻度抑郁的检出率为17.2%,重度抑郁检出率为7.4%。

青少年时期是个体由儿童向成年过渡的时期,他们不仅要应对身体的快速发育所带来的各种变化,还要承担现代社会的高强度学习和考试压力。他们需要不断调整自己,建立一套更成熟、更符合社会规范的思想和行为模式。青少年在这样的"动荡"中快速成长,意味着他们要不断处理各种各样的内心冲突,如

过关斩将一般,如果过不了某些"关",就很可能演变成青少年抑郁。

这一时期,青少年情绪波动较大,容易采取极端手段来解决问题,重度抑郁者甚至可能出现自杀行为。世界卫生组织2015年的统计数据显示,自杀是15至29岁年龄人群的第二大死亡原因。与成年人相比,青少年抑郁更具有隐蔽性,往往难以引起家长的注意,等发现时,可能已经有了较为严重的后果。因此,青少年抑郁并不少见,我们应该积极予以预防。

"学霸"小吴的休学困扰

小吴,女,16岁,高一学生。小吴从小就很乖,懂事听话,也体贴父母,好学上进,成绩一直名列前茅。父母对小吴的教养非常用心,要求很严格。从小吴3岁起,父母开始带她上各种培训班,包括作文、英语、主持、绘画、舞蹈、钢琴、二胡等,培训了多种技能。因而,小吴有很多特长,拿了很多奖。

小吴从小到大都是同学们眼中的学霸、"别人家的孩子"、人人羡慕的对象,她的父母也一直以她为傲。然而,在高一的一次考试失败后,小吴突然变得不对劲,上课难以集中注意力,看

不进去书,成绩下滑严重。小吴自述,一整天心情都不好,拿起书就想流泪,对考试充满恐惧。晚上失眠,早上起不来,感觉浑身疲惫,做什么都提不起劲,反应变慢,思维迟缓,经常觉得自己没有价值,活着没意思。之后无论家人怎么劝,小吴都不愿意去学校了,最后只好休学。

小吴的父母带她来医院看病,最终小吴被诊断为抑郁症。父母在吃惊的同时,对此也很困惑。他们的困惑主要有两点:第一,父母觉得孩子性格很外向,活泼开朗,常常是大家的开心果,与大家在一起时都是笑嘻嘻的,从来看不出哪里不高兴或者有什么情绪问题,怎么一下就得了重度抑郁症呢?是不是孩子不

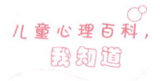

想上学而装的,或者只是因青春期叛逆,以不上学来威胁家长?第二,父母说孩子从小就很乖,成绩一直很优秀,可因一次考试失败就突然抑郁了,这让我们当父母的非常恐惧、焦虑和紧张,同时也很迷茫,我们很想帮助孩子,却不知道该怎么办。怎么感觉现在的孩子那么脆弱,经不起风浪?

华西医生对您说

其实小吴家长的这些困惑,也是很多抑郁症孩子家长的困惑。从上述案例中可以看出,很多家长认为孩子得抑郁症是不可思议的事,甚至认为这是孩子为了不上学而装的。然而一个事实是,我们严重低估了青少年抑郁。

为了预防青少年抑郁的发生,家长应该做些什么?

一、创造良好的家庭环境

(1) 孩子也有情绪

很多家长认为,孩子什么都不懂,也不会有烦恼,但真的是如此吗?事实上,科学研究早已表明,孩子的情绪发展远比家长想象中的要早。8个月的婴儿就能识别妈妈的面部表情,并与妈妈互动。

孩子逐渐长大，可以通过在家与父母的互动，学会如何表达情绪、理解情绪，逐渐提升情绪的自我调节能力。

然而，由于中国家庭情绪情感表达的文化特点，孩子的负面情绪往往被过度压抑。比如不准孩子哭，在过年、过节时，不许说不吉利的话等。中国人的情绪表达比较含蓄、内敛、隐忍，喜欢"报喜不报忧"，孩子一旦不开心或哭泣时，家长会想各种办法让孩子开心起来。长此以往，孩子学会了忍耐、压抑，不敢表达各种负面情绪，如伤心、难过、愤怒等。这些情绪一旦出现而没有得到有效安抚，就会在身体里聚集起来，久而久之就像火山一样突然爆发，对身体造成伤害。

（2）预防"破坏性心境失调"的发生

有的孩子的个性特点较内向、不善言表、敏感、压抑等，出现负面情绪时又得不到释放，那么在这些因素长期交互作用下，就会带来情绪升级——情绪失调。这时候家长如果不重视，持续地对孩子的情绪不接受，那么孩子的情绪会进一步失调，家长继续对孩子进行指责，最终就会发展成"破坏性心境失调"。

美国精神病学会最新发布的《精神疾病诊断与统计手册》（DSM）中，把青少年抑郁障碍重新命名为："破坏性心境失调障碍"（Disruptive Mood Dysregulation Disorder，DMDD），也叫"破坏性情绪失调"。这是一种情绪障碍，患有此病的孩子，几乎每天大部分时间都在反复地爆发脾气，其强度或持续时间与所处环境或所受的挑衅完全不成比例。比如，在家里几乎每天都会莫名其妙地暴怒，除了用脏话骂人，还会因为情绪失控动手打人、摔东西；在学校常常因为发脾气对同学进行语言和行为攻击，造成人际关系紧张。

我们可以发现，在孩子发展到"破坏性心境失调"之前，其实孩子已经有了一些情绪上的问题，如果此时家长引起重视，很可能不会演变到最后一步。

（3）家长如何更好地应对孩子的情绪

面对孩子的情绪，家长应该怎么办？

对自己	对孩子
克制好自己的情绪，不能被孩子的情绪影响	带着好奇心去倾听
了解自己，平复自己的情绪，冷静处理	带着爱去陪伴
照顾好自己	发现孩子情绪背后的需求和行为的意义

「第二板块 ♡ 解压」

家长一定要先照顾好自己。因为家长也有自己的工作、生活压力,当面对孩子的情绪时,家长会有很多想法和担忧,如:"孩子有这些负面情绪,是不是因为发生了什么不好的事情,为什么不开心?"这时候,家长可能就会采取一些他们认为有效的手段去帮助孩子,想法子让孩子开心起来,比如带孩子出去走一走,给孩子买他喜欢的东西等。但家长表现出的过度紧张和担忧,同样会对孩子产生影响,孩子甚至会感到害怕,他会开始自我怀疑,从而放大情绪。所以说,家长和孩子的情绪是会相互影响的。

因此,家长要做的第一步,就是平复好自己的情绪,照顾好自己的身体,只有这样,才能够冷静地面对孩子。家长的情绪稳定,才能帮助孩子稳定情绪。第二步,就是带着好奇心去倾听:如果孩子跟家长讲很多学校发生的事情,比如与同学之间发生的一些问题、觉得委屈的事、考试失败后的自责,甚至包括爸妈对他的误解等带来的一些不好的情绪……这些,家长都需要带着好奇心去倾听,有耐心地倾听,听他的故事,听他的情绪,问他:"有委屈吗?伤心吗?难过吗?觉得不公平吗?"

孩子在这些情绪的影响下,可能会使用很愤怒、很尖锐的语言,这时请不要被这些语言所影响,孩子只是需要父母更多的爱和陪伴。比如,有时父母会发现孩子对自己又打又骂,把自己往外推,可等自己真的走开了,孩子会发更大的脾气,这是为什么呢?其实,这就是孩子更想父母在这里陪着他、理解他的表现。

所以,如果孩子大哭大闹或者乱发脾气,这时父母应该带着爱来陪伴,而不是抱怨。在孩子哭时,父母只需静静地陪着他,可以抱抱他,握着他的手,静静地等着,听他哭,让他觉得"我伤心时,有妈妈在,有爸爸陪"。如果孩子大发脾气,甚至把东西打得稀烂,家长也要冷静地对待,可以告诉他:"有意见、有情绪时,可以说出来,我们在这里听着。"

其实,在孩子学习表达情绪的过程中,有很多方法可以让他学会冷静下来,好好表达。具体方法就是:第一,保证安全。可以在安全的环境下,让孩子自由发泄,直到他冷静下来。第二,家长可以靠近孩子,好好跟他说话,听他继续讲,这样就可以让孩子的情绪得到平复。但要做到这一点,需要相当有耐心,而且要情绪稳定、内心平静。因为孩子的那种爆发性的情绪对家长是有冲击力的。如果家长做到了这些,能够很好地带着好奇心去倾听、带着爱去陪伴,就可以发现孩子这些情绪和行为下的真正需求。

这样一来,我们就能为孩子创造一个非常温和、和谐、安全的家庭环境,孩子在这样的环境里可以自由表达,负面情绪就能得到有效的释放。孩子的需求得到了关注和认可,心里的话就都愿意跟爸妈说了。这样，孩子的内心想法表达出来了，负面情绪处理了，他的那些不开心就会逐渐减少、消失。孩子心情变得愉悦，就有了内心的期待、学习的动力、自己的梦想，这就是我们共同期待的效果。

二、量体裁衣，发展孩子的潜能

（1）认识"习得性无助"

在现代社会里，家长的压力很大，孩子的压力也很大。社会上有一句话叫"不能让孩子输在起跑线上"，所以现在的很多孩子要去上各种各样的培训班。在上述案例中，小吴确实很优秀，从小到大都是父母的骄傲，但在一次考试失败后，她突然就崩溃了，为什么？因为她突然发现从小到大学的这些东西不是她自己想要的，而只是满足了外在的需求、父母的需求。虽然小吴的能力很强，但因"山外有山，人外有人"，哪怕是到了清华、北大或者国外名校，总还有别人比她强，总还有她觉得不如意的地方。所以，小吴一下子就觉得自己不行了，崩溃了。小吴是一个非常典型的为了别人的需求而没有按照自己的需求去学习的例子。

这里涉及一个问题，即我们对孩子的期待。关于期待，有一个"期待理论"，从家庭方面来讲，家长的期待最后会内化成孩子对自己的期待。如果这个期待是合理的，孩子的实际能力够，对孩子是"加分"的，会让他真正地像登梯子一样步步高升。但当期待目标远远高于孩子的能力时，实际上不管孩子怎么努力都达不到，那么他很可能出现习得性无助，进而对自我进行否定、自我评价降低、失去价值感，最终导致抑郁情绪。

习得性无助是指一个人经历了挫折和失败后，面对问题时产生的无能为力的心理状态和行为。当一个人将不可控制的消极事件或失败结果归因于自身的智力、能力的时候，一种弥散的、无助的、抑郁的状态就会出现，自我评价就会降低，动机也减弱到最低水平，无助感也由此产生。

（2）评估孩子的核心能力

我们需要了解、评估孩子的能力。对于学习，孩子需要的是核心能力，这些核心能力是他在学校和生活中获得成功的关键。核心能力包括：

- 集中和保持注意力的能力。
- 控制冲动的能力，发起行动的能力。
- 组织活动的能力，为未来做计划的能力。

- 建立良好关系的能力。

在了解孩子的核心能力后，家长应根据孩子的实际能力确定恰当的目标，即对战略性目标进行调整。家长期待的目标应与孩子的实际能力相匹配。一定要评估孩子的实际情况，先确立阶段性的目标，就像登梯子一样一步一步地踩，要让孩子能够认可自我的价值，让孩子在自己现有的能力上一步步地登高。

三、积极关注，提升孩子的自我价值

（1）认识"积极关注"

什么是积极关注？这是指对孩子积极、光明、正性的言语和行为予以关注，多关注孩子的优点，并且表达出来。家长的积极关注影响着孩子自尊心、自信心的发展。孩子在家长那里是否能得到积极关注，也会对孩子的自我关注和评价产生影响。

对孩子自我关注的影响	对孩子自我评价的影响
满足则易发展积极的自我关注	自信，高自尊
不满足则易发展消极的自我关注	自卑，低自尊

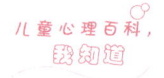

(2)家长如何进行积极关注?

积极关注的内容主要有:

·对于孩子的小亮点、小进步要及时给予表扬和反馈。

·多注意孩子的优秀品质、特质、特长、能力。

·看到孩子的贡献和有用的地方,哪怕只是很小的一点。

·看到孩子努力的过程。

·描述具体化。在对孩子积极关注时,要具体描述他做了什么事情。

父母的支持对孩子的影响是很大的。父母的信任、认可会让

孩子获得克服困难的信心和勇气，从而让孩子自发地促进行动的改变，孩子由此取得进步或成功，就能获得自我效能感和成就感，最终提升孩子的自我价值感。

父母是孩子最直接的养育者。父母可以在孩子处于婴儿早期时，就学习如何与孩子建立安全的依恋关系；在孩子步入儿童早期时，开始注重对孩子良好心理品质的培养，这样可以有效地预防孩子的心理问题。孩子的心理问题大部分都与父母相关，因此，父母应该创造一个良好的家庭环境，让孩子做一只快乐的小鸟，自由飞翔；父母应该量体裁衣，引导孩子发展潜能；父母应该积极关注，让孩子找到自我价值。这些措施能有效预防青少年抑郁。我们祝福每一个孩子都能健康快乐地成长。

❤心理学课堂
❤安全指南针
❤教育风向标
❤家长测评站

扫码解锁

03

第三板块

疗愈

「第三板块 疗愈」

第十三章

孩子的问题要正视

儿童青少年常见心理疾病概述

文 / 董再全

> 大部分的儿童青少年心理疾病是可以治疗的,也是能够治好的,但这非常考验家长的耐性。家长应该科学正视问题,与孩子、医生三方共同努力,形成一个"联盟"来帮孩子解决问题。

任何一个人在一生中都可能遇到一些心理方面的问题与困扰,当然,不是所有问题都能称为疾病。在精神科临床实践中,我们对精神方面的疾病往往没有一个可以量化的指标,虽然有一些心理测试有助于医生诊断疾病,但是心理测试的标准性、准确性还存在争议,所以我们一般不依靠检查来判定这个人是不是有精神疾病。疾病的诊断主要是基于症状学、心理学和社会学标准来判诊断定。

一、心理疾病的 判别

心理疾病的特点，较明显的就是有异常或反常的思维、情绪或行为。"异常"就是与大部分人相比有明显不同。"反常"就是和过去相比有明显变化，例如一个人性格改变，原来都是彬彬有礼的，突然变得非常暴躁、具有攻击性，这些都是反常。一个人在"异常"或"反常"的基础上，如果符合下面三条中的一条，我们就认为这个人可能是生病了。

第一，持续的情绪困扰。不是所有"异常"和"反常"都会造成一个人的情绪困扰。例如天才异于常人，但是天才不仅不受情绪困扰，往往还享受其中，这个时候我们不能称之为病。

第二，造成了社会功能损害。这里提到的"社会功能"包括三个方面：一是生活自理能力；二是学习或工作能力；三是人际交往能力。三者任何一方面受到损害，我们都认为这是有功能损害的。

第三，有危险性。无论是自杀、自伤，还是冲动地攻击他人，这些都认为是有问题的。

儿童青少年的精神、心理问题往往并不典型。但是，随着时代的发展和医学的进步，大家对精神疾病的认识越来越深入，对儿童青少年的关注也逐渐增加，很多疾病在很早期就被发现，患儿早早就接受评估或诊治。不过因为儿童青少年这一群体的特殊性，医生有时需要很长的时间观察，才能发现疾病发生、发展的规律。

二、儿童青少年与成人精神心理疾病的区别

儿童青少年与成人精神心理疾病是有区别的，《牛津精神病学》列出了儿童青少年和成人的精神心理疾病的几点区别。

第一，儿童青少年很少自己主动提出要去看医生。当然，现在提出诉求、主动要求看医生的孩子慢慢增多了，这是因为从社会认知发展的角度来看，现在孩子认知的发展速度在加快，他们能够对自己的心理问题有一个大致的判别。另外，他们在网上有很多获得信息的渠道，所以他们会主动提出看诊的诉求。总体来说，青少年阶段主动提出看医生的人要多一些，但儿童阶段很少有孩子自己主动提出去看医生的。

第二，儿童青少年的问题可能反映的是其他人的问题。我们经常看到焦虑的父母，总是担心孩子会有问题，比如说孩子出现了一些人际关系方面的问题，就慌慌张张地带着孩子来看诊。极

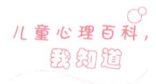

端情况下,家长还会"妄想"出孩子有精神方面的疾病。另外,从病因学的角度来讲,好多孩子问题的形成都和周围环境、尤其是主要照顾者的关系有比较密切的联系。所以,孩子的问题,一方面可能不是孩子本身的问题,而是父母的问题;另一方面也有可能是孩子的问题,但问题的成因在于受周围环境的影响。

<u>第三,在决定其行为是否存在异常时,必须注意儿童青少年的发育水平</u>。当儿童青少年有反常的情绪或行为时,我们要高度留意。但是,一般在儿童青少年阶段,他们的情绪、行为的变化本身就比较快。在三四岁的时候,有一些孩子会开始留意到秩序这个问题,出现一些类似"强迫"的行为,例如他希望自己的玩具都按照一定的顺序去摆放,否则容易乱发脾气,这些在某个发育阶段都是比较正常的行为。在青春期的时候,他们的情绪水平就是"疾风暴雨",波动非常大,家长要考虑到他一些情绪和行为反应背后的原因,可能是青春期本身正常的一些表现,不能一概归结为疾病。另外,儿童青少年的语言表达能力有限,他们往往不能真实地表达自己的情绪、情感和思维,这个时候就需要家长投入更多的关注。

<u>第四,治疗的侧重点不同</u>。对于成年人的治疗,我们更多的还是基于症状、基于本人。儿童青少年不一样,因为他们还没有能力为自己的行为做主。在他们接受治疗的过程中,医生除了针

对患儿以外，还要和家长、和周围所有参与照顾的人都要有密切的接触，大家都要参与治疗，也就是需要孩子、家人和医生三方共同努力，形成一个"联盟"来帮孩子解决问题。

三、儿童精神障碍涉及的范围

儿童精神障碍涉及的范围很广，大致可以分为以下几类：

第一类是学龄前儿童的问题。包括了特殊发育障碍，例如阅读障碍、计算障碍、交流障碍、运动技能障碍等。

第二类是广泛性发育障碍。广泛性发育障碍和特殊发育障碍的区别在于，广泛性发育障碍涉及的范围更广，包括了语言、计算、思维、运动等发育迟滞或者是病态，具体病症包括孤独症、阅读综合征、伴精神发育迟滞的多动障碍及刻板运动、瓦解性精神障碍等。

第三类包括多动障碍、品行障碍、焦虑障碍、其他精神障碍等，也有性别认同障碍和自杀、自伤等。在不同的诊断系统里，这些分类会有区别，但大同小异，基本上框架都是一致的。

四、儿童青少年常见心理疾病

（1）精神发育迟滞

精神发育迟滞也称智力低下，是指孩子在18岁以前由各种原因引起的，以智力发育不全或受阻和社会适应困难为主要特征的一组综合征。精神发育迟滞有两个重要的特征：一是智力发育不全。当然造成智力发育不全的原因众多，有的是先天的，有的是后天的。例如很多癫痫患儿就会出现智力低下的情况。这种智力可以用智商来反映，我们通常使用韦氏智力测验来测智商，然后根据智商的评分，将疾病分为轻、中、重、极重等。韦氏智力测验有儿童版本的，最小3—4岁的孩子就可以使用这个版本来进行智商测试了。二是存在社会适应困难。包括生活自理、社交、责任能力等，可以用社会适应能量表进行量化。结合智力水平，也就是智商和社会功能受损的严重程度，可以对精神发育迟滞的严重程度做出判断。

（2）多动症

注意缺陷多动障碍，俗称"多动症"，是指孩子与同龄儿童相比，注意力明显不集中，以容易分心、多动、容易冲动等行为

「第三板块 · 疗愈」

为主要特征的一组疾病。顾名思义，注意缺陷和多动是这一疾病的两个核心的症状。当然，在不同的孩子身上可能会各有侧重。有的孩子以注意缺陷为主要特点，称为注意缺陷型。其表现为孩子粗心大意、忽视细节，上课注意力难以集中，与家人、老师说话的时候心不在焉，无法按照纪律或者指令行事，组织、协调能力差。有些家长把它描述成忘性大、记忆力不好。实际上，大多数孩子记忆力的问题都是注意力的问题，因为你会发现，这样的孩子在某些自己非常感兴趣、关注的事情上，记忆力并不差。另外一些孩子以冲动、多动为主要特点，这一点往往更容易被观察到，因为这类孩子的表现是在教室里往往不遵守纪律，到处

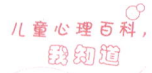

乱跑，精力特别旺盛，不听老师指挥，可以形容为"像装了马达一样"忙个不停。这种情况管理起来更为困难，老师也会更容易留意到。因而，有这一类问题的孩子被送到医院去看诊的更多一些。

（3）孤独症

孤独谱系障碍，也称"孤独症"，是指以显著的人际交往及沟通模式异常，言语和非言语交流障碍，兴趣范围狭窄和刻板的行为方式等为特征的一种儿童神经发育障碍。孤独症是一个广泛性发育的障碍，涉及发育的问题比较广，包括了语言、行为等。

孤独症的临床表现主要有三个特点。第一是社交障碍。孩子在社交中缺乏适当的目光、表情、手势以及肢体姿势等辅助交流和互动手段，不能与同龄孩子发展为伙伴关系，不能自发地分享快乐和成就，社交交往中缺乏情感投入，孩子表现出比较孤僻、不合群的特点，而且这个特点往往非常突出和明显。第二是言语交流障碍。孩子学会说话比较晚，之后也不爱说话。有些孩子虽然有了足够的语言能力，但也不主动发起交谈，或者说话刻板、重复。例如有个孩子，2岁了，能发出"爸爸、妈妈"这些语音，但就只会发这些音。在他想表达自己的诉求时，比如想拿某个玩具，就只会拉着爸爸妈妈去那个地方帮他捡，而不能用言语表达。第三是行为和兴趣狭窄。孩子的行为非常局限、刻板，例如有的孩子对旋转的东西表现出异常的兴趣，喜欢不停地转动身体；有的孩子在玩一个玩具时，可以反复玩很多遍，不断地重复一个比较简单的动作，他们反映出来的就是行为刻板、兴趣范围狭窄的特点。

（4）分离性的焦虑障碍

分离性的焦虑障碍是指儿童害怕与已经建立起依恋关系的人分离，这种焦虑比学龄前儿童具有的正常的分离焦虑明显严重，而且持续时间更长，对社会功能的影响更大。对于患有这一问题

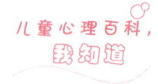

的孩子来说，他们一旦与亲人分离，所表现出来的焦虑情绪太过于严重，甚至会产生很多灾难性的思维，例如担心亲人离开后会发生不幸，担心有意外事故使自己与亲人失散，甚至会出现被伤害或死亡的噩梦。当亲人不在身边时就不睡觉、不上学，出现哭闹、挣扎的行为，甚至表现出呕吐、腹痛等一些躯体症状。这些症状持续的时间可长可短，一般来说，如果在短时间内就迅速地适应了，可以不必当成一种病态；如果持续超过了数月甚至数年，就达到病态的标准了。

（5）强迫症

儿童强迫行为是指孩子在心理发展过程中，出现类似强迫的症状或动作，常常具有阶段性，一般来说不会持续很长时间。例如孩子在3岁左右时，表现出一些仪式性的行为，把东西按照一定的顺序摆放，要求非常有秩序感。做游戏，要先做哪一步、后做哪一步，如果你不按照他的意愿办，他就表现出一些情绪反应。如果这类症状持续时间比较长，同时伴随着焦虑、烦躁，影响了睡眠、社交、学习、饮食，可能构成病态。

孩子患强迫症的具体表现和成年人有类似的地方，都有强迫的观念和强迫的行为这两类。一般来说，强迫的行为是强迫的观念的一个产物。强迫的观念是指脑海中总会有一些反复纠缠、过度担心的思维，他们往往知道自己这种担心、怀疑没有必要，但是无法控制。思想上如果过于纠缠、过于重复，这些也可以认为是某种形式的强迫。例如患儿反复纠缠一些缺乏实际意义的问题，比如一加一为什么等于二？强迫的临床表现除了这种思维上的强迫之外，有时也会表现出行为方面的强迫。例如反复地洗手、洗澡，反复地数路边的窗口以及其他一些重复的动作等，严重时还会发展出一些强迫性的仪式动作。例如有一个人，他担心自己被感染了某种疾病，一开始就是反复洗手，后来反复洗澡，再后来洗手、洗澡以后再进行消毒，最后发展为洗手、洗澡、消毒、关窗户等。他每一次从外面回来后，都要把这一套动作做完，这个是比较严重的一种强迫行为，叫仪式行为。强迫行为往往是比较容易被观察和识别出来的。

（6）神经性厌食

神经性厌食多起病于青少年时期，是指患儿有意造成体重明显下降至正常生理标准以下，并极力维持这种状态的一种精神障碍，患此障碍的人中女性多于男性。它的主要表现就是患儿围绕减少体重进行各种活动，有节食行为，严格控制主食量和脂肪、蛋白量，无休止地减少体重，对体重增加有病态恐惧。患儿通常极度消瘦，但是仍然认为自己胖。部分患儿可合并情绪不稳、注

意力不集中、记忆力下降、月经紊乱等症状。神经性厌食有一个核心的特征就是往往有体象障碍，大家都觉得她的体重已经很轻了，身形很瘦了，但她仍然会觉得自己很重、很胖，为此不断地控制自己的饮食。有时，厌食还会和贪食相伴随，患儿一方面节食，一方面在节食期间非常饥饿，然后大量地进食，进食以后又要催吐、扣吐等。

（7）非自杀性自伤行为

青少年还有一类常见行为叫非自杀性自伤行为，具体的表现形式有十多种，包括割腕、烫烟头、撞墙、打自己巴掌、勒脖子等。非自杀性自伤行为并不是以自杀、死亡为目的，往往是基于其他的原因，包括转移内心的痛苦，例如孩子可能有焦虑、抑郁或是人际交往困难等方面的问题，为此感到痛苦，对他们来说，缺少一些合理的转移痛苦的方法，于是就通过自伤来减轻痛苦，这一类原因相对多见。有些非自杀性自伤行为是一种模仿行为，即看到别人这样做，自己也这样做。也有的是为了追求刺激。还有的是为了寻求关注，如孩子在家里获得的关注太少，或者没有受到尊重，他的话没有人去听等，孩子就通过这种方式，让家人意识到问题的严重性，让家人重视自己。

（8）其他心理问题

儿童青少年的其他心理问题还包括：

第一，拒绝上学。这个行为的原因众多，不能都称之为病。和一个成年人不能工作一样，孩子如果不能学习，那也被认为是相对严重的问题。拒绝上学如果发生在儿童阶段，问题往往更突出，更可能是一种病态的行为。青少年阶段出现的拒绝上学行为，原因往往是多方面的，多是由于社会方面的因素造成的。

第二，与暴力相关的问题。儿童青少年阶段的暴力行为可能是针对自己，也可能是针对他人，例如现在大家经常提到的校园暴力。校园暴力涉及两方，一是施暴方，二是受害方。当然有的时候是互相施暴。暴力行为往往反映这个孩子在品行或家庭教育等方面有问题。一旦出现暴力行为，就值得我们去认真重视。

第三，性别认同障碍。例如男孩认为自己是女的，女孩认为自己是男的，从小就开始做异性的打扮，甚至为和同性在同一个厕所解决问题而感到苦恼等。性别认同障碍大部分时候并不会特别突出地表现出来，但随着他们年龄的增长，在这方面的认同感会越来越强，也表现出不同于自己性别特征的一些行为，甚至有的孩子还会在网上购买一些药物，试图去改变自己的性别。

五、儿童青少年心理疾病的

（1）存在的挑战

关于儿童青少年心理疾病的治疗，存在着很多挑战。例如比较普遍的问题就是如何说服儿童青少年去就诊。有些儿童青少年比较主动，但是大部分儿童青少年对看医生还是持排斥态度。儿童一般来说愿意听从父母的安排，但是青少年有时候会叛逆、不愿意来，好多家长发现孩子的问题很严重了，劝孩子去看医生，他还是会很排斥。这种情况下，家长就不要太着急了，青少年一旦遭受精神、心理问题困扰时，他们自己也会为这个问题感到苦恼。很多时候他们不愿意就诊的原因往往是和父母处于敌对关系。另外，可能是对看医生抱有恐惧、畏惧心理，可能从小就因为打针等事情对医生有误解。这个时候，家长可以多保持一些耐心，不要让双方关系再恶化，不然会适得其反。也可以找一些孩子比较认可的人去沟通，例如在家里，他和父母比较敌对，但是和他的叔叔或者舅舅关系比较密切，那家长就可以请这些孩子比较信得过的人去和他沟通。另外，大家在沟通的过程中，记得求同存异。如有些青少年不认为自己情绪方面有问题，只觉得自己睡眠方面有问题。这个时候，家长就可以对孩子说"我们去看看睡眠问题"，其实医生会帮助孩子分析睡眠背后的一些情绪等问题，引导孩子接受治疗。

（2）需要策略得当

关于儿童青少年精神疾病的治疗，需要策略得当。有的时候，儿童青少年出现问题，医生主要是针对父母做工作。具体怎么针对父母做工作呢？这就是方法的问题，方法要符合下面的策略才能奏效。如果治疗的对象都没有找准，那往往就是南辕北辙。所以在策略方面，我们需要注意两个问题。

第一，要有信心、有耐心。大部分的儿童青少年心理疾病是可以治疗的，是能够治好的，所以要有信心。但这非常考验家长的耐性，因为孩子处于青春期时，人格发育还没有完善，整个青春期阶段都有可能出现大幅度的情绪波动，所以治疗效果就不像治疗成年人那么立竿见影，有时候会持续好几年，才慢慢趋于稳定。有的家长听说孩子生病了，就非常崩溃，急于解决问题，往往欲速则不达，反而会让问题变得更严重。

第二，青少年心理疾病的解决，往往伴随着父母的变化而变化。也就是说，父母的参与非常重要，整个治疗过程需要父母、孩子和医生三方的共同努力。这并不是说，我们要去追究是谁造成了孩子的发病，而是说，如果孩子生病了，父母不应有心理负

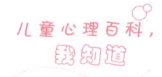

担，而是必须意识到，怎么做才能够帮助到孩子，这才是关键，才是我们讨论父母角色的目的。

（3）常用的心理治疗方法

儿童青少年心理疾病具体的治疗方法包括药物治疗、心理治疗、物理治疗等。

大家普遍对心理治疗的接受度要好一些，对药物治疗往往比较排斥，顾虑特别多。需要提醒的是，医学是一个权衡利弊的过程。当孩子需要药物治疗时，家长顾虑的那些弊端肯定是有的，但其也往往忽略了药物治疗可能带来的好处。医生的任务就是帮助患者把利处最大化、坏处最小化。医生推荐的方案是基于科学研究和长期的临床观察做出的，在没有足够证据的情况下，不要轻易质疑医生的判断，尤其是不要基于片面的证据和道听途说来随意更改方案。实际上，药物治疗目前来说还是处各类儿童青少年心理疾病的主流方法之一，是被广泛认可的，往往起效也比较快，效果相对比较明确，所以是可供选择的方法之一。因而，大家不要"谈药色变"。

另外，心理治疗确实是有效的，但是心理治疗往往比较费时，而且现在好的心理治疗师并不容易找，尤其是目前儿童青少年各类心理疾病呈井喷之势的状态下，做儿童青少年心理治疗的专家就显得太稀缺了。

  其他的治疗方法还有物理治疗、生活方式调整等。一般来说，有条件的话，推荐药物治疗、心理治疗和其他可供选择的治疗方法结合采用，这几种方法之间并不矛盾。

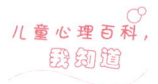

第十四章

孩子的病症要治疗

儿童青少年心理疾病的治疗

文/邱昌建、殷莉

> 儿童青少年的心理疾病强调早期发现、早期治疗，具体选择药物、物理还是心理治疗方式，建议不要只坚持家长自己的想法，而应与医生做深入探讨。

近几年，儿童青少年心理疾病得到很大的关注，从政府部门到各级学校，都在不断强调要关注儿童青少年的疾病，制定心理档案，进行全周期的监测，对高危人群应积极干预。因为心理疾病对孩子的影响不仅是身体上的，更是精神上，甚至关乎孩子的一生，所以更应早期发现、早期治疗。在了解了儿童青少年心理疾病的具体表现后，对患者家长来说，非常重要的一步就是了解如何去治疗。因此，这里逐一介绍几种常见的儿童青少年心理疾病的治疗方法，主要是多动症、孤独症、抽动症、抑郁症、焦虑障碍、精神分裂症、双相情感障碍、进食障碍、分离转换障碍、强迫症等疾病。

一、心理疾病的 治疗原则

（1）准确地评估及诊断

只有在准确评估及诊断的基础上，才能保证在大方向上不出错，如孩子本应该进行药物治疗，但选择了心理治疗，这显然是不合适的。或者孩子需要药物及心理并行治疗，但家长怕麻烦只给孩子吃药，则治疗效果也不好。

（2）选择合适的治疗策略

治疗是有治疗指南的，包括中国的或是其他国家的，例如澳洲的、加拿大的等。但是在做治疗时，除了根据指南，还要考虑患者的个人情况，包括病情的轻重。通常一个重症的病人，首先在保证他生命安全的基础上，再去做针对疾病对应的治疗。如公交车司机突发脑出血，在很短时间内就可能会丧失生命，我们第一步要做的就是止血，在这种危急情况下，我们第一考虑的一定是生命。对于心理疾病治疗也是一样，一定要抓重点。如危机干预，是心理治疗的一种方法，有的儿童青少年有严重的心理疾病，可能会出现一些自杀的情况。如果此时孩子正在实施自杀行为，例如割腕、跳楼等，首要任务并不是去了解他为什么自杀，背后有什么问题，这种紧急情况下，首先采取的方法一定是让他停止自杀行为，使他处于安全的情况下，再去了解背后的原因。除了病情轻重外，还包括疾病的缓急，心理疾病急性起病和缓慢起病背后的原因和治疗策略是不一样的。例如针对急性起病，患者出现幻觉或者突然出现情绪非常失控的状态，那一定要先考虑患者是否有一些急性感染或者急性疾病，比如脑血管病、急性药物中毒等，其次再考虑他受了什么心理的应激、压力。因此，对病情的轻重缓急的判断，在初次接触有心理疾病患者的时候，是非常重要的。

（3）要结合具体情况

有时患者的有些躯体疾病会表现出与心理疾病类似的症状，在判断某一疾病的时候，我们要先考虑器质性疾病，在评估的基础上再进行治疗。一定要快速、准确评估，再进行有的放矢的治疗。

我们还需考虑患者的年龄、性别、经济、副反应的耐受等状况。对于年龄问题，有些治疗不能用于低龄儿童；对于性别问题，女性不能使用某些药物，特别是会影响内分泌系统的药物，用后会造成一些副反应，例如月经紊乱，甚至影响卵巢功能，影响后期的生育等；对于经济情况，因为心理疾病的治疗需要相对长的时间，这时就要考虑患者的经济承受能力；对于副反应的耐受问题，使用药物必定要考虑患者的耐受情况，有些家长会担心药中含激素类物质，其实精神科药物治疗基本是不需要使用激素的，大可放心。

（4）要根据治疗反应，灵活地调整药物和治疗方案

不管是依据指南还是依据个体情况制定的治疗方案，在医生的知识范围内判断，都是适合患者的。但其实人类对科学的认知还是很渺小的，我们根据经验所判断的东西，有时未必是正确的，所以在治疗过程中，需要边判断、边评估、边修正，是一个不断调试的过程。医生会在复诊时根据患者的治疗反应，来判断治疗方案是否需要做一些或大或小的调整，所以复诊也非常重要。

（5）要适时、合理地应用药物治疗、物理治疗、心理治疗

适时、合理非常重要。有些家长会要求只做心理治疗，可是如果患者确实是急性起病、病情非常严重、处于需要马上控制症状的状态，那单用心理治疗就不合适，除非是一些特殊的、单纯

心理因素的疾病。心理治疗都需要一个循序渐进的过程，才会显示出明显的效果。例如面临有自杀倾向的患者，如果还缓缓地去做心理治疗，患者的生命安全就处于危险之中。所以选择药物、物理还是心理治疗，建议患者家长与医生做深入探讨，不要一意孤行地坚持自己的想法。

二、多动症

不能专心学习的小杰

小杰，男，10岁，从小与父母一起生活。据小杰母亲反映，小杰系第一胎，足月平产，幼时言语与运动发育正常，既往无重大病史。自幼儿园开始，小杰就比别的孩子好动，难以安静坐下来，对家中的玩具总是任意破坏，行为莽撞，脾气倔强，活泼、任性。小杰7岁上小学后，老师时常反映小杰上课不专心，很少能集中注意力听讲，常找同学讲话或玩弄铅笔刀等，小动作多，在课堂上乱画或高声大叫，影响课堂纪律。在学校里经常招惹周围同学，喜欢与人打架。做作业时边做边玩，作业字迹不工整，潦草马虎，常常漏题、漏字或抄错数字，并且常常遗失个人物品和学习用品。小杰有时还忘记老师布置的作业，回家后打电话询问同学才能完成作业内容。小学低年级时，小杰的成绩在班上处于中等水平，三年级时成绩开始下降，有时不及格，成绩波动大。

小杰的父母为此焦虑万分，开始以为小杰是不愿意学习，还打骂他，后来在一本书中偶然看见"多动症"的表现，便决定带小杰到精神科就诊。医生诊断小杰为"注意缺陷多动障碍"，也就是多动症。父母这才明白，原来小杰不是不愿意学习，而是患上了一种精神疾病。医生建议对小杰进行药物和心理并行的治疗，家长也需要进行管理训练。此后，在医生的帮助及家长的配合下，小杰开始接受治疗，症状也改善了许多。

（1）主要症状

注意缺陷多动障碍（多动症）是儿童青少年时期常见的一种心理疾病。从上述案例中，我们可以看到小杰的主要表现有好动、难以安静、注意力不集中、小动作多、冲动（喜欢与人打架）、记忆力下降、学习困难等，小杰的核心症状主要是注意缺陷、多动、冲动。

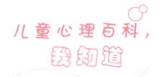

（2）治疗措施

上述案例中，小杰被确诊为多动症。那么，针对小杰的核心症状（注意缺陷、多动、冲动），我们该如何治疗呢？目前指南推荐进行药物治疗和家长培训。

药物治疗：最常见的药物就是托莫西丁和盐酸哌甲酯缓释片，也就是择思达和专注达，这两种药物是临床上广泛使用的，并且不会影响智力，甚至有可以改善智力、促进智力发展的作用。另外一种比较常见的治疗多动症的药就是可乐定，它是一种透皮贴，使用很方便。其他的药物比如胍法辛、右苯丙胺、安非他酮等在国外也较常见。

在多动症的治疗方案中，小于5岁的孩子是不建议药物治疗的，因为在进行任何治疗的时候，医生一定会考虑药物经济学的效应。药物经济学效应中很重要的一个指标是"效益比"，即投入治疗的时间、精力等是否能达到合理收益。对于小于5岁的孩子来说，药物效益比非常低，因为小于5岁的孩子不需要太多的学习和集中注意力的事情，即使使用药物治疗，疗效也不能得到充分的发挥。但是6岁以后的孩子面临着上小学，如果这时不治疗多动症，那么多动症的核心症状（注意缺陷以及多动）就必然会影响他的学习能力，并且6岁以上的孩子在一个集体里会面临着人际适应和冲突的问题，而多动症的孩子由于过度冲动，通常会在人际交往中影响到别人，破坏人际关系，这就是需要关注的治疗的成本效益比问题。

家长培训：多动症的发病有一定的遗传及环境因素。在临床研究中，我们发现多数多动症患者的家长也有情绪及注意力不集中等问题，所以家长要在家长培训中学习自身的情绪管理技巧、疾病本身的临床表现和一些养育技巧等。

华西医生对您说

在多动症的治疗过程中，应该制订一个长期的治疗计划，主管医生、患者的家庭成员、患者、学校、老师等多方相互合作，明确一个恰当的个体化治疗目标。同时，应根据患者的病情和具体需要，合理综合运用药物治疗、心理行为治疗或个体化教育项目等治疗方式，改善症状、减少共患病，促进患者社会功能的全面恢复。

各项指南里也提出了多动症不同时期的治疗方案，例如慢性状态的时候，更多的是改善家庭功能，进行"家庭治疗"；多动症共病，例如合并对立违抗障碍、品行问题或者到成年期的人格缺陷，还需对共病问题进行治疗，甚至有些多动症患者还会合并一些抑郁、焦虑的问题，这时就需要合并使用治疗情绪障碍的药物。

三、孤独症谱系障碍

孤独症（ASD），目前没有有效的治疗方案，但是早期干预的机会非常重要。儿童保健医生会依据中华医学会制定的筛查量表，通过早期孤独症的神经系统软体征以及一些眼神、肢体方面的异常表现进行筛查。治疗孤独症非常强调早期治疗，因为人类大脑在3岁之前发育得都非常迅猛，3岁以后大脑发育基本完成了85%，所以孤独症的治疗需要前移，评估需要前移到3岁之前。

（1）外界训练

科学证明，进行一些外界训练是会改善大脑发育轨迹的，原来大脑发育轨迹相对差的，在早期进行训练之后，可能上升到一个中等水平，所以早期干预非常重要。在对孤独症孩子进行干预的时候，要以评估的结果作为依据。因为孤独症分为很多不同的类型，不同类型的孤独症孩子脑功能受损的领域也不同，所以对孤独症孩子进行干预一定要建立在评估的基础上，而且要指导父母甚至所有的家庭成员为孩子的康复创造一个适合的环境。

(2) 干预方法

制定适合孩子发展水平的、个体化的干预计划、干预目标、干预方法：对于3岁以下的婴幼儿，干预的重点在于促进他的社交、沟通技能发展。因为孤独症最核心的症状就是社交问题和语言问题。干预的涵盖方面包括首先要改善核心症状，例如社交沟通能力、模仿能力、游戏能力；其次是减少和消除一些问题行为，例如孩子的自伤行为以及不安全的、刻板的、重复的行为；再次是要促进孩子全面发展，如运动能力、生活能力的发展；最后要处理相关共患病的问题，例如他的睡眠问题、肠道问题。基于这些评估，再根据孩子的年龄、发育水平以及家庭情况，进而选择干预的方法。所以孤独症干预一定是个体化的，选择干预方法的时候一定要有循证医学的证据。因此，将最新的孤独症治疗指南运用到孤独症干预中是非常重要的，如果使用老方法甚至是已被淘汰的方法来进行早期干预，可能就会耽误孩子的一生。

孤独症干预强调几个重点：第一是早开始；第二是科学性；第三是系统性。系统性是全方位的，既包括对核心症状的训练，也包括对情感交流的训练。比较好的训练是训练孩子的同时，也训练家长，让家长辅助孩子学习在生活中需要贯彻的培训老师教给孩子的训练技巧。常用的分析方法比如经典的应用行为分析、结构化教育方法、地板时光疗法、丹佛模式等，可以在训练的时

候选择使用。

(3) 药物治疗

目前没有专门针对孤独症的药物,但是有些患孤独症的孩子需要用药,因为患孤独症的孩子经常合并几种疾病,最常见的是癫痫;另外一种常见的症状就是合并刻板行为,甚至有自伤行为,这时可以选用多巴胺受体阻滞剂,也就是抗精神病药物,改善自伤的刻板行为。对于一些高功能孤独症,孩子智力水平相对较好,但在融入社会的时候会遇到许多挫折,随之出现情绪问题,这时就需要合并一些改善情绪的药物。药物治疗一定是有一些疗程需要和剂量需要的,不能过早停药、换药。

四、障碍

轻型的抽动症如果起病时间很短,并且症状也比较轻,可以先观察。但是如果孩子症状比较重,或者抽动已经超过一年并且对日常生活有影响,这时就需要采用药物治疗,但是一定要制定合理的治疗目标,只有少部分孩子能够百分之百消除症状,另有一小部分孩子的症状会时好时坏,服药期间症状会减轻甚至消

除，但是停药后易复发。这是疾病本身的一个特点，另外有极少数特别严重的孩子，用了药可能效果也不是那么好。

临床上常用的药物有舒必利、硫必利、阿立哌唑，这几种药物都有不同的副反应，但是大多数孩子能够耐受，所以要正确对待副反应。另外，在治疗抽动症的时候，家长不要太过焦虑，不要太过于关注孩子的发病情况，因为太过关注可能会形成强化效应。我们最好的方法就是忽略，弱化这个症状，而且家长要协助医生、治疗师帮助孩子减轻病耻感，指导孩子调整心理状态。家长要与老师甚至是班上的同学进行沟通，让老师和同学们对孩子有更高的接纳度。

五、抑郁症

抑郁症是儿童青少年发病率最高的心理疾病。现在的孩子承受的不只是学业的压力，还有人际的压力、自我进取的压力，以及家庭内部的矛盾等，这些都是致病因素。在治疗抑郁症孩子时，接诊的初期一定要对孩子进行详尽的、诊断学的量化评估，一定要识别其他的需要我们关注的精神或躯体疾病。

（1）识别其他表现为抑郁的躯体疾病

在中国的医学治疗指南上，第一位就是躯体疾病。可以表现为抑郁的疾病有很多，例如甲状腺功能减退的病人，首发症状可能就是抑郁、反应迟滞，所以在初诊时需要做一些详细检查来识别躯体疾病。

（2）严重程度及危险分层，制订全面的治疗计划

第一位要关注的永远是孩子的安全。在关注安全时，就要对孩子进行评估，如评估自杀观念。问诊时，医生会问及孩子的自杀观念、自杀行为及自伤情况，如"把你的手拿出来让我看一看呢"，如孩子有自伤等情况，还需评估孩子的暴力冲动以及家人的照顾能力，这对家人的安全也非常重要。

（3）建立治疗联盟

目前中国的青少年抑郁症治疗联盟尚未完全建立，在其他一些国家，在精神科医生、孩子和学校中有非常清晰的联盟，在医生和治疗师认为治疗完成后，他们会直接和学校联系安排这些孩子的复学问题。因为作为医生和心理治疗师，他们对这个孩子的了解是非常深刻的，可以准确地判断孩子的状态是否可以适应学校生活，并且由医生提出的复学要求有较大的可信度，老师及同

学也较为放心。所以建立医校联盟,甚至是医生和学校的联盟非常重要,可以让孩子在一个比较通畅的治疗流程中走向康复。

(4)明确心理干预与动态随访管理的重要性

临床研究发现,对家长依从性高的孩子一般康复都很快,通常是在3~6个月。但是如果对家长依从性不太好,不太愿意实施治疗措施,那么通常这些孩子康复效果就不太好,治疗时间延长,甚至要1~3年。这说明抑郁症的治疗要追求效率,就不能是懒散的、拖拉的。

（5）治疗措施

·*药物治疗*：美国食品药品监督管理局（FDA）批准和中国食品药品监管局（CFDA）批准的药物有舍曲林，国际上批准的还有艾司西酞普兰、百忧解等。大龄段的孩子还可以用一些其他的药物，甚至有的时候会用些小剂量的非典型抗精神病药物。因为临床研究、临床经验都发现，非典型抗精神病药用于抑郁症病人有一药多效的神奇效果，例如药物可以改善睡眠，还可以稳定情绪。另外，这些药物可以改善认知功能，还有些药物可以改善食欲，甚至可以抗焦虑。

针对青少年抑郁症，如果是轻度的，不建议药物治疗。医生对轻度有医学上的定义，有量表的、量化的定义，有功能损害方面的定义，有对整个病情全面的判断，才能判定是否为轻度。但是针对中到重度的抑郁症孩子的治疗方案，各个国家是有争议的。青少年抑郁症不建议单独进行药物治疗，因为临床上观察到很多青少年抑郁起病都是有明确的心理、社会因素的，所以要针对心理性的因素做干预，疾病的治疗效果才会好。

·*物理治疗*：现在被大家公认有效的物理治疗有电抽搐治疗、经颅磁刺激治疗、生物反馈治疗、光照治疗。生物反馈治疗可以非常明显地改善孩子的焦虑情绪。电抽搐治疗就是在麻醉状态下，通过给大脑传递非常微弱的电力，孩子可能会有一些很小的手指、脚趾抽动现象，但是它改善情绪的效果非常快。

・心理治疗：心理治疗有很多学派，比如精神分析治疗。催眠疗法一直被广大家长认为是一种神奇的疗法，认为可以让孩子说出所有家长想知道的，但其实任何治疗都是以治疗孩子疾病为目的，而并不是以打探孩子隐私为目的。催眠疗法只是心理治疗的一种，还有认知治疗、沙盘治疗、表达性艺术治疗、辩证行为治疗、家庭治疗等。

在做抑郁症治疗的时候，特别要强调家庭的问题、家庭的调整，还有对家长的培训。治疗过程一定要有家长参与其中，可能家长不是治疗的主体，但是家长甚至能比治疗主体发挥更重要的作用。

六、症

焦虑症的患病率在青少年中是排第一位的，远高于抑郁症、双相障碍等疾病。

（1）药物治疗

焦虑症治疗主体药物是SSR类抗抑郁剂，也会用一些坦度螺

酮类药物、苯二氮䓬类药物、非典型抗精神病药物等。

（2）物理治疗

焦虑症的治疗也可以采用物理治疗方法，例如经颅磁刺激、生物反馈法等。

（3）心理治疗

心理治疗的基础是教孩子特定的技能，以帮助孩子管理焦虑情绪。焦虑有几个层次：一是现实的焦虑。比如有很多事情做不完，有很多作业没法做，这时就需要教孩子一些应对的技巧。二是潜意识层面的焦虑。有些孩子对自己特别不自信，认为自己不行，那么这种观念就会被带到现实生活中，被泛化。在面对一些现实中出现的新问题时，这种焦虑情绪就会被激发出来，这时就需要做心理治疗。三是道德型焦虑。有的人对自我要求特别高，不允许自己出一点点错误。当生活中出现一些不确定的事件，或者说他认为的一些损害他对自我的道德要求的事件时，就会产生过度焦虑，这也是需要进行心理治疗的。

七、精神分裂症

其实精神分裂症发病率不是很高，在整个人群中发病率为1%。对于精神分裂症，目前医学上倾向于其是一种有生物学基础的疾病，也就是有一些脑部病变的疾病，例如大脑神经递质受体出现异常、神经递质出现异常，或一些蛋白质纤维出现异常等。

（1）药物治疗

精神分裂症的治疗更偏重于药物治疗，并且药物治疗十分重要。对于精神分裂症孩子的治疗，目前推崇的观念是长期的、小剂量的维持治疗，常见药物有利培酮、帕利哌酮、奥氮平等。

（2）心理治疗

精神分裂症可以进行心理治疗，但是心理治疗仅仅作为一种辅助治疗手段。因为精神分裂症孩子也会有病耻感，有社交问题、情绪问题、人际家庭冲突，对于这些可以采用心理治疗。

八、双相情感障碍

双相障碍是以周期性出现情绪高涨与情绪低落为主要表现的一种疾病,偶尔会伴随间断的幻觉妄想症状及认知功能损害。

(1) 药物治疗

针对双相情感障碍的药物治疗方案主要是使用情绪稳定剂,例如碳酸锂、拉莫三嗪、丙戊酸盐等。双相情感障碍的药物治疗需要不同作用机制的药物在治疗初期联用,在稳定期、维持期可以用单药维持,但是急性期要多种机制药物联用。

(2) 物理治疗

双相情感障碍也可以采用物理治疗,例如电抽搐治疗和经颅磁刺激治疗。

(3) 心理治疗

双相情感障碍的心理治疗,仅适用于部分康复期或轻症的孩子,不适用于急性期、重症的孩子。

九、障碍

进食障碍在现代社会中也很常见，患进食障碍的孩子会间歇性地暴食或间歇性地厌食，也会有一些诱吐的行为。

（1）药物治疗

对患有进食障碍的孩子进行药物治疗是很重要的。既往观点认为，用百忧解、抗抑郁之类的药物是比较好的，但最新观点则认为，一些情绪稳定剂，甚至一些非典型抗精神病药，对孩子的情绪稳定是大有裨益的。

（2）营养治疗

进食障碍和其他心理疾病不一样，营养治疗是非常重要的。因为人的体重在降到一定程度的时候，进食中枢就会受到一定损伤，而进食中枢和我们的情绪是密切相关的，由此就会激发一些情绪的问题等。所以医生通常在对有进食障碍的孩子进行治疗时，都要求孩子住院。住院之后，医生会定期监测孩子的体重，给孩子输营养液，让营养科为孩子配置营养餐，吃营养粉、容易

消化的食物等，使孩子能够快速恢复正常的体重。总之，医生会进行一些科学的进食指导、健康教育等方面的工作，这些都非常重要，不亚于药物治疗和心理治疗。

（3）心理治疗

患进食障碍症的孩子，大多数存在很大的家庭冲突，所以需要做家庭治疗，而且建议一对一进行心理治疗及家庭心理治疗。

十、分离转换障碍

分离转换障碍是单纯的心理疾病，发病是由于社会心理事件引起的，所以治疗手段着重于心理治疗，需要找出心理获益。什么叫获益？就是这个疾病可以让孩子获得心理上的安慰、缓解病情。为什么疾病可以让孩子心理痛苦得到缓解呢？因为在人体受到很大的外界心理冲突的时候，人的心理实在是受不了了，需要暂时关闭一下。例如一个遭受了重大丧亲事件的孩子，突然变得沉默不语，每天呆坐，有时又突然有一些情绪的爆发，又哭又笑，这就是一个比较典型的患分离转换障碍的孩子。又例如一个孩子被老师打了一巴掌，立马就不能走路了，打的明明是脸部，为什么不能走路了呢？其实这就是一种分离转换障碍，因为他心理上觉得被打了以后受到了一定的伤害，那么就用一些具体的症状来维护这种心理稳定的状态。

分离转换障碍主要采用心理治疗，根据患者具体的心理问题选择相应的心理治疗方式，例如：催眠治疗、家庭心理治疗、认知行为治疗、沙盘治疗等。

十一、症

在儿童青少年时期，有个时期叫秩序期。大概三四岁的时候，有一些孩子会表现出强烈的秩序感，但这不一定是强迫症。强迫症一定是有一部分强迫思维的，如反复思考一件事情，自己觉得不应该这样做，为此感到很痛苦，但又无法停止；还有强迫行为，重复做一些动作，无法停止。强迫症一定是疾病达到一定的时长、频率，对自己的日常生活有损害的症状。

对强迫症的治疗，目前强调药物治疗和心理治疗共存。药物治疗要维持非常长的时间，而且药物治疗起效很慢。一般的心理疾病急性治疗期是6~7周，但强迫症的治疗期要3~6个月才可能看到一些效果，切不可操之过急，这是一个长期的、缓慢的过程。

强迫症的心理治疗也是经常被应用的，比如暴露疗法，需要一些逐级的暴露和一些情绪释放。强迫症患者具有高度逻辑性，切忌跟他谈逻辑，要做一些常用心理治疗或根据他的心理问题运用一些其他比较特殊的心理治疗方法。

第十五章

孩子康复慢慢来

心理疾病患儿如何走向康复

文 / 胡 霄

> 儿童青少年的可塑性非常强,他们的认知灵活性、心理弹性是非常大的。所以,如果你是心理疾病患儿的家长,应该抱以足够的信心,与医生、老师一道,逐步地引导孩子走向康复。

儿童青少年精神心理疾病治疗周期久,康复时间长,特别是患重型精神心理疾病的孩子在出院后,其实面临着非常明显的社会功能损害,如自我照顾能力、学习能力、情感表达能力等方面。在心理和生理上,儿童青少年本身就处于一个逐渐发育的过程,他们的认知发展是不完善的,常常持有非黑即白的认知方式,对情绪的调控能力也不太稳定。同时,因为孩子本身的社会经验和所能获得的支持性资源都是非常有限的,所以他们的适应能力也不如成人。

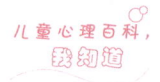

另外,孩子身处在学校、家庭、社会这样的多样环境中,所以只有家庭、学校、社会共同做出努力,孩子才能慢慢走出疾病的状态,逐渐恢复到正常应该有的发展水平。好的一面是,儿童青少年的可塑性非常强,他们的认知灵活性、心理的弹性是非常大的,经过老师、家长、医生逐步引导后,康复可期。

一、多动症孩子的 康复管理

小林的病后困扰

小林,男,8岁,父母离异。小林从5年前进入幼儿园后,常常被老师投诉不遵守纪律,招惹同学,容易冲动,参加集体活动困难。上小学后,小林也时常在上课时出现注意力不集中的现象,小动作多,撕纸、咬指甲,找同学说话,下课玩游戏时不遵守规则,经常与同学发生冲突,动手打人,老师和同学较排斥他,人际关系差。小林自述,同学们都叫他"傻子"。小林课后虽不愿意完成作业,但考试成绩中等,一般能考90分左右。升入三年级后,上课不听讲,家庭作业不能完成,考试试卷也不能完成,成绩明显下降。小林在家时,生活习惯差,自我管理需要督促,不听从奶奶指令,经常和大人对着干,稍不如意就大吼大叫、发脾气,并有两次情绪激动地说"想死"。

于是,小林被爸爸带到儿童心理门诊就医,诊断为"注意缺陷多动障碍"(即多动症),并服用盐酸哌甲酯缓释片。治疗后,小林在上课时走神、发呆的情况减少,好动和冲动的情况减轻,但完成家庭作业时仍然较为拖拉,要花较多时间来完成。小林考试能基本完成试卷,成绩在70~90分波动。在学校里,小林虽打人的行为减少,但是仍没交到知心朋友。在家里,爸爸仍然觉得管教他比较困难,稍不如意,小林就会哭闹,说不想上学。服药过后,小林的食欲也出现了明显下降,晚上常常出现入睡困难的情况,两个月体重减轻了4公斤。

华西医生对您说

(1)设置合理的学习期望

患了多动症的孩子因为注意力、认知发展的水平没有达到同龄孩子的程度,家长需要降低对孩子的期待。他们在疾病的状态下,能完成学业任务,已经非常努力了。所以,家长应该降低期待,去帮助孩子,多鼓励、多包容他们,让他们意识到努力的过程比考试的结果更重要,帮助他们度过学业适应的困难时期。千万不要去打击、批判孩子,甚至在孩子非常努力地完成了当天

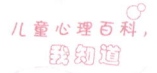

作业的情况下,还给他增加一些课外的作业,想着给孩子多补一补,这种方法是不可取的。要先降低期待,让孩子逐渐培养出对学习的兴趣,使其能坚持下去,然后再说后面的学业成绩的问题。另外,儿童期的这类孩子在完成一般的学业任务,如数学、语文、英语这些科目时,可能因为注意力的问题,要比一般的孩子差一些,这时我们可以帮助孩子寻找到适合自己的优势学科,如在艺术、绘画、音乐、体育、手工等他们喜欢的、感兴趣的科目学习中多进行鼓励,逐渐帮助他们在主科学习以外找到成就感,然后再逐渐地把这种兴趣迁移到主科学习上。在上述案例中,小林的爸爸咨询了心理治疗师以后,积极帮助小林发掘自身优点,发现他对完成家务很感兴趣,喜欢跟着奶奶做面点,在学习上对科学实验较感兴趣。于是,爸爸对这两个优势和兴趣点进行强化,帮助小林动手完成实验,并得到了学校的小发明奖项,增加了孩子的自信心。小林的爸爸也和老师沟通后,同意小林只完成必要的学科作业,并运用时间管理的办法,帮助他每天花1小时运动。适当的运动可以帮助孩子释放过多的精力,促进大脑分泌内啡肽等神经递质,改善孩子情绪状态,对多动症孩子能起到辅助治疗的作用。

（2）帮助孩子培养社交技能

多动症孩子的社交常常也是比较困难的，难以维持一段长期的友情。他们可能愿意交到很多好朋友，但是因为技巧不足，容易冲动，用不恰当的方式和动作向别人示好。对于同龄、发展正常的孩子来说，这种方式可能是让人尴尬的。所以父母可以和孩子在家里进行互动性的社交训练，示范遇到朋友应该怎样打招呼，应该怎样向别人示好，不要不分场合地去交朋友。

这一类孩子的情绪调控能力、社会情感识别能力比较差。他们能理解喜、怒、哀、乐等简单情感，但是对于更复杂的社会情况，例如集体荣誉感、羞耻心、内疚感、尴尬等理解和识别是比较困难的。我们可以运用情绪卡片，帮助孩子识别别人的表情、情绪背后的心理过程，也可以运用社交故事的训练绘本或剧本进行训练，帮助孩子探索社交的盲点，理解为什么别人生气了。孩子是整个家庭功能的一面镜子，家长在家里是怎样去做示范的，怎样待人接物的，也会反映到孩子身上。家长对孩子如果采取动不动就说教、打骂的方式，孩子在遇到一些不符合他期待的情况时，就可能也会以同样的方式表现在跟其他小朋友的相处之中。所以家长要以身作则，用平等探讨的方式跟孩子进行日常的交流。上述案例中，小林与同学交往时，常使用不恰当的方式向别人示好，很突兀地打断别人讲话，导致其他同学觉得他没有礼

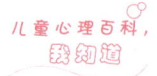

貌，于是爸爸就按照社交训练方式进行角色扮演，和小林一起练习社交技巧，还主动邀请同学来家中玩耍，之后及时给小林复盘在社交互动中不足的地方等，以此来帮助小林康复。

二、如何帮孩子走向

（1）帮助孩子进行自我管理

患有精神心理疾病的孩子自我作息管理能力较差。他们没有时间概念，例如学校规定上午8:00开始上课，在这之前，他需要多久的时间洗漱，多久的时间吃早饭，完成上学前所有具体的事情大概总共需要多少时间，他是不清楚的。家长可以给孩子视觉的提示，例如在他看得见的地方张贴作息时间计划表，给他看沙漏、电子时钟这一类计量时间的视觉提示物品。不论是有情绪问题，还是有注意力问题的孩子，常常在完成任务时缺乏规划。这时，就需要家长的帮助。例如做作业时，家长可以帮助孩子制作完成作业的时间表，和他一起探讨如果作业多了应该怎么办，比如可以把作业按难度来分类，一般建议先做最困难的，最后做简单、有趣的。根据孩子日常的表现，帮他确定做作业的时间节点，如果孩子的注意持续时间只能达到10分钟，就不能设置成20

分钟，最多15分钟。在每一个时间节点后，休息10分钟。休息的时候，不要做时间感流失很快的事情，例如玩手机、看电视等，可以喝水、逗宠物，或者去窗边站一会儿，选择此类不会让孩子沉溺的活动作为休息中的调剂，然后接下来再做后面的任务。

完成所有作业后，家长可以跟孩子一起复盘，比如计划的时间是8:00做完，但是孩子做到了8:20，为什么和预期设置的时间不一样，在哪些地方可以改进等。当你发现孩子在做作业或完成任务的过程中分心了，不要去责备他，可以给孩子约定暗号，比如拍拍他的肩膀，举一面小旗子在他眼前晃一晃等类似的行为，尽量采取保留孩子自尊的一些方式来提醒他注意力回到应该做的

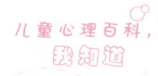

事情上。比如,上述案例中,小林的拖拉问题一直比较严重,爸爸和他商量后一起制订了作息计划,使用奖励打卡的方式,由奶奶监督小林的完成程度。爸爸发现,小林注意持续时间只有20分钟,于是就将时间节点设置成20分钟,休息期间让他吃点水果、上厕所等。

(2)奖励孩子的良好行为

在孩子表现良好的时候,可以适时地奖励他。在选择奖励时,要以孩子的要求为主,而不要以家长的需求为主,也需要重视活动性质的奖励,例如父母陪孩子一起去他想去的地方吃饭、陪孩子一起玩游戏、一起参与社交活动等,奖励的程度也要根据良好行为持续的时间增加而逐步地加大。除了奖励以外,我们在帮助孩子养成良好行为时,要真诚地和自己的孩子站在同一个战线,不要当他的领导和考官,对他进行过高的要求,需要真诚地理解和帮助孩子,鼓励和肯定孩子。

(3)帮助孩子调整饮食和睡眠

在长期的治疗中,药物一定程度上会影响孩子的饮食习惯。比如患多动症的孩子本来就有挑食、偏食的饮食习惯,服用药物后常有食欲下降的副作用,有时甚至中午完全不想吃饭。这时,可以把服药时间尽量放在饭后。哌甲酯的药效时间不会超过12个小时，晚上药效基本消失后，可以给孩子安排简餐、夜宵等食物，帮助孩子弥补白天没有摄入的能量。上述案例中，小林在服用哌甲酯期间，在学校时午餐吃得很少，晚上8点以后常喊饿得很，于是，奶奶就在晚上单独给孩子开小灶加餐，并在早上服用药物前，为孩子制作品种丰富、营养均衡的早餐，帮助孩子尽量摄入能量。

有些孩子在使用抗精神病药物后，常会出现食欲亢进现象。家长就应注意控制孩子的饮食，不要让其摄入过多的能量，特别是不要过多食用薯片、碳酸饮料、面食等高能量食品。保证规律运动，多吃膳食纤维和维生素含量高的食物。服用抗抑郁药的孩子在服药的前3个月可能有食欲下降的问题，所以在孩子有食欲的时候，要及时为他们做营养丰富、味道好的饭食。

在康复期，也要帮助孩子建立良好的运动习惯。建议选择有氧运动，尽量不做激烈、对抗性质的运动，每天都要坚持30分钟以上的运动时间。这样一方面可以改善孩子的生活节奏，多些生活上的调剂；另一方面，运动也有治疗效应，可以让孩子的情绪更稳定、注意力更集中，也可以抵消掉药物对食欲的影响。

患精神心理疾病的孩子在康复期还需要规律的睡眠。睡眠不规律会影响孩子自身的生物钟节奏，会导致好不容易稳定下来的病情复发。生活中，要帮助孩子养成固定的睡眠时间和起床时间，睡眠的环境要尽量安静、避光。睡前1小时不吃宵夜、不喝水，尽量安排放松性质的活动，例如听听音乐、看看书。尽量不玩手机和平板电脑，因为这些电子设备发出的蓝光会抑制人体分泌褪黑素，从而降低睡眠效率。

（4）客观看待儿童叛逆

首先，家长和社会都要给"叛逆"的孩子充分的关注，没有任何一个孩子是故意地、情愿地对抗自己最亲密的人。可能在遇到一些情绪上无法面对的问题时，他们才会出现行为上的叛逆。我们应该尽力多给他们一些情绪上的出口，平等地对话、真诚地交流，了解他们的优势，信任他们。在生活中，要创造与孩子合作的机会，不要想着孩子的活动就单纯只有学习和玩。孩子也是家庭的一分子，他需要参与家庭事务的决策、家务劳动的过程当中。家长应充分了解孩子的情绪状态，平时留出足够多的亲子时间，在孩子对家长有示好行为的时候，给予及时反馈，如对他说"你今天对妈妈这样，妈妈觉得很感动""你今天抱了妈妈，妈妈觉得心里非常开心"等类似感受性的、鼓励性的反馈，而不要觉得孩子孝顺家长是理所当然的。多给予孩子正性反馈，孩子才会觉得爸爸妈妈同样是需要自己的。

三、父母离异对孩子心理疾病的康复的影响

要正确看待父母离异对孩子的影响。经过社会心理的随访调查发现，在父母离异过程中的争吵、争执、不和谐的夫妻关系比离异的结果对孩子的伤害更大。年龄大的孩子比年龄小的孩子更容易受到影响。回顾早年留守儿童的研究发现，在整个家庭关系中，监护人的陪伴质量比人数更重要。就算是单亲家庭或者留守儿童的家庭，只要重要的监护人如他的爷爷奶奶或者是爸爸妈妈有合理的养育技巧，孩子的成长也是可以不受离异影响的。离异事件对孩子的影响一般在3年之后就会逐渐减轻。到了青春期，父母某一方的缺位会带给孩子稍微大一些的影响。如果孩子出现不良情绪或者对待亲子关系时采用不恰当的应对方法，家长可以带孩子去做做心理治疗。

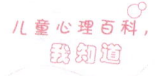

第十六章

孩子为何会自伤

非自杀性自伤行为概述

文 / 李 斌

> 孩子的自我伤害行为可能是一种应对强烈负面情绪的不健康行为方式,也可能是抑郁症或进食障碍等心理疾病的早期表现,需要家长给予足够的重视。

小萌,是一个初二的女生,因为父母在外打工,她跟着外婆长大,小学成绩优秀。上初中住校后与寝室同学关系紧张,与父母倾诉想要得到帮助,但父母觉得是小事,让她自己解决。在学校逐渐被同学孤立、造谣后,小萌觉得很痛苦但又没有人理解,偶然发现用刀划手可以让自己心里没那么难受,于是,每次心情不好就会划手。

近几年，在儿童青少年群体中，出现越来越多伤害自己身体的孩子，他们在自己的身体上留下了不可修复的瘢痕，也给父母造成了巨大的伤痛。这种自我伤害行为大多不是一种精神疾病病征，而是一种应对强烈负面情绪的不健康行为方式，当然也有一部分自伤的孩子确实患有精神疾病，比如抑郁症、双相情感障碍等。有些孩子一旦出现这种行为，会反复这样做，所以我们需要对这种行为给予足够的重视，因为它也可能是抑郁症或进食障碍的早期表现。

一、什么是非自杀性自伤行为？

非自杀性自伤行为是指一个人在没有明确自杀意图的情况下，反复故意伤害自己身体的行为。这种伤害有时可能很轻微，但有时可能也很严重，它们可能留下永久性的疤痕或引起严重的健康问题。

（1）非自杀性自伤行为的常见表现形式

非自杀性自伤行为的常见表现形式有多种，比如：割伤自己

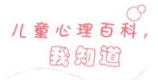

（例如使用修眉刀，或其他锋利的物体割伤皮肤），捶打自己或捶打东西（如墙），用香烟、火柴或蜡烛烫伤自己，拔自己的头发等。

（2）如何进行有效识别？

家长可以从以下几个方面入手：

一是关注孩子的情绪变化，那些长期情绪低落、焦虑不安、易怒且情绪波动较大的孩子，可能存在自伤风险。

二是留意孩子身体上的异常迹象，如频繁出现不明原因的伤口、淤青、烫伤痕迹等，尤其是在较为隐蔽的部位，像手腕、上臂、大腿内侧等。

三是观察孩子的行为模式，例如孩子突然出现社交退缩、成绩大幅下滑、对以往感兴趣的事物失去热情等情况，同时伴有自我否定、过度自责等言语表达。

四是了解孩子生活变化。若孩子经历了重大挫折、亲人离世、父母感情破裂等事件，且在之后一段时间内表现出异常行为和情绪，也需要提高警惕。

二、孩子为什么会去伤害自己？

当面临一些压力或负性事件的时候，有些孩子缺乏适当的情绪调节方法，找不到或不愿意和父母或朋友表达自己的真实想法。

孩子伤害自己的原因有多种，比如以下几种原因：

·内心感到空虚、麻木，甚至感觉不到自己存在的时候，疼痛让他感觉到自己还真实存在。

·当大脑中出现一些不愉快的回忆时，疼痛可以转移注意力。

·有时候当他告诉父母"我心情不好"时，父母仅反馈他"你不够坚强"或"想多了"，他就用自伤引起父母的重视。

·他突然出现一些强烈的情绪，例如愤怒、无助、孤独或绝望。

·惩罚自己。

·让他感到有控制感。

深入探究孩子自伤行为背后的根源至关重要。可能是因为孩子内心深处的情感需求未被满足。比如，孩子可能因长期缺乏关爱与陪伴，内心感到极度孤独与空虚，自伤成为他们寻求关注或宣泄情感的途径。也可能是因孩子在面对挫折时，缺乏有效的应

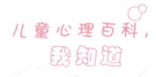

对机制。如在学业失败或社交困境中，孩子不知如何排解压力，只能通过伤害自己来获得暂时的解脱。此外，家庭教养方式也可能是诱因之一，如果家长过于严厉或忽视孩子的情感表达，孩子可能会以自伤行为来表达反抗或引起家长重视。

三、谁有自我伤害的危险？

（1）高危人群的特征

各个年龄段的人都有可能伤害自己，但通常会在青少年或成年后开始。具有以下经历的人属于高危人群。

·在儿童时期遭受过虐待或创伤。

·有精神障碍，例如：抑郁、进食障碍、创伤后应激障碍、某些人格障碍。

·滥用药物或酒精。

·有自残行为的人。

（2）重点关注青少年人群

近年来，为何青少年容易成为自伤行为的高危人群？

首先，青少年时期是个体身心快速发展且面临诸多变化的阶段，身体激素水平的波动较大，可能导致情绪不稳定、易怒、冲动等，使其更难以控制自己的情绪和行为。

其次，学业压力日益繁重，他们面临着来自学校、家长以及自身对成绩的高期望，频繁的考试、排名等竞争容易让青少年产生焦虑、挫败感等负面情绪。

再者，青少年正处于自我认同形成的关键时期，他们对自己的外貌、能力、人际关系等方面格外敏感，一旦在这些方面遭遇挫折，如被同学嘲笑、排挤，或者感觉自己在某些方面不如他人，就容易陷入自我怀疑和自卑的情绪中，而此时他们可能尚未掌握成熟有效的情绪调节方法，便可能通过自我伤害来应对内心的痛苦。

四、自我伤害的迹象是什么？

孩子可能有伤害自己的迹象包括：

・经常有割伤、瘀伤或疤痕。

・经常发现衣服或床上有血迹。

・即使在炎热的天气也要穿长袖或裤子。

・为伤害找借口。

・周围出现没有明显原因的锋利物体。

五、非自杀性自伤的干预

在评估自伤风险及危险因素时,要先深入了解自伤行为发生的原因,同时与当事人讨论活着的理由,并且积极倾听,从中发现可利用的有效信息;进而制订提高当事人自控力的安全计划,例如识别预警信号,明确在独处时有自伤冲动时做什么事情能够打消念头,确定和谁联系可以让自己从危机状态中摆脱出来或者在遇到压力时能与之交流。若情况危急,还可以联系精神或心理专业人员,以全面保障当事人的身心健康与安全,降低自伤风险并有效应对相关危险因素。

图书在版编目（CIP）数据

儿童心理百科，我知道 / 邱昌建等主编. ——成都：成都时代出版社，2025.1. ——（萤火虫心理健康科普丛书）. —— ISBN 978-7-5464-3473-5

Ⅰ. G444

中国国家版本馆CIP数据核字第2024LN0774号

儿童心理百科，我知道
ERTONG XINLI BAIKE, WO ZHIDAO

邱昌建 殷莉 李斌 朱鸿儒 ／ 主编

出 品 人	钟 江
总 策 划	邱昌建 李若锋
责任编辑	周 慧
责任校对	张 旭
责任印制	江 黎 曾译乐
封面设计	谢岚清
装帧设计	成都九天众和

出版发行	成都时代出版社
电　　话	（028）86742352（编辑部）
	（028）86763285（图书发行）
印　　刷	成都博瑞印务有限公司
规　　格	145mm×210mm
印　　张	7.5
字　　数	150千
版　　次	2025年1月第1版
印　　次	2025年1月第1次印刷
书　　号	ISBN 978-7-5464-3473-5
定　　价	58.00元

著作权所有·违者必究
本书若出现印装质量问题，请与工厂联系。电话：（028）85919288